文春文庫

# 二十世紀物語

歴史探検隊



文藝春秋

# 目次

# 〃新世紀〃騒動——〈序〉にかえて——

一九九九年から二〇〇〇年にかけて、ミレニアム、ミレニアムと大騒ぎし、中にはミレニアム＝新世紀（二十一世紀）だと勘違いしていた人もいたようだが、ちょうど百年前も、二十世紀、二十世紀と大変な騒ぎだった。

（※ミレニアムは、ユダヤ教やキリスト教での千年紀のこと。キリストが千年目に再臨し、千年王国を築くという）

もともと西暦になじみが薄く、御一新から三十年余、ようやく「明治」に馴れたところで今度は「十九世紀」から「二十世紀」へ移るというのである。二十世紀を迎えるというのはどういうことなのか。元号が改まるのとも違うし、ふつうに迎える正月といったいどこが違うのか、どう違えればいいのか、人々はそわそわして落ち着かなかった。

また、識者を中心に「二十世紀」は一九〇一年の一月一日からである、いや一九〇〇年からではないのか、と、カンカンガクガク「新世紀論争」が行われた。

随筆家の生方敏郎は、明治三十三（一九〇〇）年の春、旅をしたとき投宿先の主人から、

「二十世紀は今年からと言う者もありますし、来年から二十世紀と言う者もありますが、

どちらでしょうな」

と、訊《き》かれたと記している（『明治大正見聞史』）。

このように東京も地方も、知識人も一般の人も、「二十世紀」への関心は強く、「いつから二十世紀か」という話題で持ち切りだったのである。

ヨーロッパでは、十六世紀ごろから新世紀論争が起こっていたそうだが、日本にとっては世紀の変わり目というのは初体験。スパッと「一九〇一年から」と、自信をもって答えられる人は残念ながらいなかったようだ。

断を下したのは、『西洋事情』を著わした福澤諭吉の慶應義塾であった。二十世紀が始まるのは、一九〇一年一月一日からであるとし、明治三十三（一九〇〇）年十二月三十一日から元旦にかけて「十九世紀を送り二十世紀を迎える会」を、三田の学舎で開催したのである。参加者を『時事新報』（一八八二年三月、福澤諭吉が創刊）でつのり、「世紀送迎会」の様子も同紙が報じた。

それによれば、三十一日午後八時、五百余名の参加者はまず学舎の大広間に入った。鎌田塾長・門野教頭の演説があり、次いで教員や宣教師たちも弁舌をふるったという。

それから新講堂で晩餐会にうつったが講堂の壁にかかげられた諷刺画が非常に興味深いものだったそうだ。十九世紀のいろいろな事件、たとえばナポレオンのワーテルローの戦いや、日本への黒船来航、日清戦争の三国干渉等々の絵が架けられ、最後の一枚が、十九世紀を象徴する弊衣破帽の老人と、二十世紀を表す少年たちが、木の棒（希望）を持って登場してくる絵だったという。何というエスプリだろうか!!

宴もたけなわとなり、午前零時を迎えると参会者はうちそろって運動場《グラウンド》に出て、十九世紀へ別れを告げたというが、かがり火が焚かれたグラウンドには、三枚の絵があり、その絵に火が放たれたという。

その絵は、福澤が憎み、糾弾した十九世紀の悪しきものども――「惰眠を貪る儒学者」「地位にあぐらをかき、ふんぞり返っている有力者」「カネで妾を囲う男」のカリカチュアだったそうだ。

この慶應義塾の「世紀送迎会」は、巷間の二十世紀熱にいっそう拍車をかけ、「二十世紀」は流行語となった。

さすがは「西洋事情」にくわしく、西欧文明の輸入元たる慶應義塾だけのことはある。新世紀へと主導、その面目躍如であった。

今回の新世紀宣言は、一大学に委ねられなかった。百年前と違い、郵政省がキッパリといい放ったのだ。二〇〇一年から二十一世紀であると。郵政省には日本の標準時を管理している通信総合研究所があり、ここが「一年が元年であり、一世紀は一年から一〇〇年までをいう。何ら疑問はない」と断言してくれたのだ。

これで、いつから二十一世紀かという問題は解決した。あとは、いかに新世紀を迎えるか、ということだけである。

先の『明治大正見聞史』には、「二十世紀という言葉はその頃ほとんど濫用され」、商人は抜かりなく「広告にも招牌（看板）にも二十世紀を売物にした」と批判的視点もみえるが、「二十世紀の人間は這般《しゃはん》の覚悟がなくてはならぬと、青年学生を激励した」ことも記されている。

当時の人々は、単に浮かれていたばかりでなく新世紀をいかに生きるべきかと真面目に考えてもいたのである。『報知新聞』では、「廿世紀の予言」を連載し、鉄道網の発達や冷暖房の完備、モータリゼーションの到来、高学歴社会といった予想を見事的中させている。

新世紀への熱い期待でスタートした二十世紀は実際には、どんな百年だったろうか。数え切れないほどの出来事があり、とても一冊や二冊の書物で振り返ることはできないが、その一部を本書《ここ》では取り上げた。進歩と発展の二十世紀に登場し、輝きながらも新世紀を待たずに消えていったモノ（コト）の一部である。

本書は、それらへのレクイエムであるが、レトロの書に終わってほしくないと思っている。懐かしいモノへの想いと同時に、二十一世紀はどうあるべきかを考えるよすがになれば、と願っている。

# 二十世紀物語

本文イラスト・磯田和一

# 第一章　懐かしき道具たち

# 計算尺《けいさんじゃく》

学校の授業のなかで、たったの一回、時間にしてわずか四十五分うけただけなのに、忘れられないものがある。それが計算尺である。

ある日の数学の授業で、一人一人に複雑な物差し、といったふうのものが渡され、先生がおもむろにこれは計算尺であると言い、その使い方について説明を始めた。

数学嫌いの私には、先生の説明は小難しく、煩わしいだけだった。だが、言われた通りに計算尺を動かすと、何と答え一発！　平方、立方、三角関数といった複雑な計算の答えがただちに求められたのである。

これには驚いた。私は数学的思考をする部分の脳ミソが欠如して生まれてきたのではないかと思えるほど、数学が大の苦手だったから、この計算尺のわざには、ただ、もうびっくりするばかり。数学の器具だという認識は、私の頭の中には生まれず、手品の道具か、あやしい魔法を見るような思いだった。

たった一回の計算尺の授業は、私に「うわっ、すごい。おどろいた」という印象だけを残して終わった。残念ながら、計算尺の使い方も覚えていないし、何年生のときだったかもはっきりしない。同年代の友人に訊ねてみても、ある者は、二、三回小学六年生のときに教わったというし、また別の人間は中学一年のとき一回か二回と答える。

記憶というのはあいまいなものだから、資料を頼って調べてみると、計算尺は昭和二十六（一九五一）年から中学二年の数学の課程に正式に採用されたという。そして翌年十一月には「第一回計算尺競技大会」が東京商工会議所の主催で開かれたのをはじめ、全国レベル、県別、企業別の競技会が開かれるなど、計算尺は広く普及した、と記されている。

だとすれば、わたしたちの記憶はどれも間違いということになる。正式に数学の課程に入れられる前だったとしたら、小学校低学年ということになり、いくらなんでも一年生や二年生に計算尺を教えるはずがない。また、競技会が催されるほど全国に普及した割に、授業が一、二回きりで、実際に使用する機会も全くといってよい程なかったのも不思議である。

だが、数学者や、理工学部の学生、設計技術者たちの間では、この計算尺が重要な必需品であったことは確かである。コンピュータ時代が到来するまでは。

計算尺の考案者は逸見次郎という人だが、そもそも彼に計算尺を作ってほしいと頼んだのが、ヨーロッパ帰りの留学生たちであった。

日本に最初に計算尺が入ってきたのは明治二十七（一八九四）年という。フランスのマネーム計算尺と呼ばれるもので、留学生が「これは便利」と持ち帰ったものらしい。そして日本でも是非このようなものを作ってほしいと、竹尺《たけじゃく》（竹の物差し）をつくっていた逸見に頼んだというわけなのだ。

頼まれた逸見は、一徹な職人気質《かたぎ》だったらしく、それから何と十五年、和製計算尺づくりに打ち込んだ。ようやく満足のいくものが出来上がったのだろう、逸見が竹製計算尺を特許庁に出願したのは明治四十二（一九〇九）年のことだった。特許がおりたのは、その三年後。実に十九世紀から二十世紀へ、和製計算尺は世紀を跨いで誕生したのだった。

つくる方もつくる方だが、依頼し待ちつづけた学生も学生である。勿論、計算尺が出来上がったときには、もう学生ではなく立派な社会人となっていたわけだが、そのとき出来上がった計算尺に大喜びしたのだろうか。それとも、もう必要はなくなっていたのだろうか。いずれ、その辺りの逸話も知りたいものだ。

計算尺は、今や電卓に取って代わられ見る影もないが、この電卓を開発したのはコンピュータ先進国のアメリカではなく、日本である。昭和三十九（一九六四）年に早川電機（現シャープ）が、トランジスターを用いた世界初の電子卓上計算機を世に送り出したのだ。以後、電卓の普及については周知のとおり、記す必要もないだろう。代わりに面白いエピソードを一つ紹介しよう。

日本の計算器具の代表といえばソロバン。そのソロバンと電気計算機の対決が、昭和二十一（一九四六）年十一月、アメリカ軍の主催で行われた。日本代表のソロバンを、アメリカ代表の電気計算機がＫＯするはずだったが、歴史の力のなせる技だろうか、ソロバンが勝利を収めたのだった（ソロバンは十五世紀に中国より渡来）。

# 赤《あか》チン

我が家の救急箱には、富山の薬売りがおいていった数種類の頓服《とんぷく》と、クレオソートの強い匂いを放つ征露丸、そして赤チンが入っているだけだった。

何しろ転んで膝を擦りむいたら「唾を塗っておけ」といった時代である。救急箱も何かの空き缶だったたし、薬らしい薬など入ってなくて当たり前だった。

我が家の常備薬のうち、征露丸は正露丸と文字を変え今でも売られているが、富山の薬売りは薬箱を背負ってやって来なくなったし、赤チンも薬局の棚から姿を消して久しい。

赤チンは、赤色のヨードチンキという意味だ。ヨードチンキは皮膚や傷の消毒液で、ヨーチンとかヨジウムともいった。色は汚らしい赤味を帯びた褐色。傷口に塗られると跳び上がるほどしみたので、逃げ回った記憶がある。赤チンはヨーチンに比べれば刺激が弱く、我慢できる痛さだった。

もっとも赤チンとヨーチンは、色の違いと刺激の程度が異なるだけではない。この二つは全く別のもの。ヨードチンキはヨウ素とヨウ化カリウムをエタノールに溶かした液体。赤チンはマーキュロクロム液。一～二％のマーキュロクロムを精製水で溶かしたものなのだ。一九一九年、W・ヤングらによってつくられたそうだが、それから三十数年後には、家庭の常備薬になるほど日本にも普及していた。

ちょっとした切り傷や擦り傷には、必ず赤チンが塗られた。病院や学校の医務室にはヨーチンもあったが、ヨーチンの方が高価だったせいもあるのだろう、たいていが赤チンで済まされた。女の子だって容赦なく塗られ、袖からむき出しの腕やスカートから伸びた脛に赤く彩られた部分があっても、それをみっともないなんて誰も思わなかった。とくに男の子は一年中赤チンの跡が消えることはなく、その数と赤チンの塗られた面積の大きさは、そのまま男の子のヒーロー度をあらわしていた。

私が小さな胸をときめかせた男の子は、乱暴だが実はやさしい面をかくし持っている典型的なガキ大将で、彼の手足から赤チンの色が消えたことはなかった。女の子たちは彼の乱暴な振るまいに黄色い声をあげ、

「先生、○○くんが……」と訴えたが、しかしその彼が擦り傷でもこしらえようものなら、必ず二、三人の女の子が寄ってきて、

「ダメよ、そのままじゃ。消毒しなきゃ」などとおしゃまな口調でたしなめると、彼を医務室に連れて行ったものだった。

前の赤チンの色が褪めやらぬうちに、また別のところを赤々と塗られて教室に戻ってきた彼を、私は凱戦将軍を迎えるような目で眺めた。そう、赤チンはガキ大将の勇気と

活発さを表す勲章のようなものだったのだ。

乱暴なようだが弱い者いじめはしない。尻込みしている仲間を横目に危ないことをやってのける無鉄砲さ。それらを讃えるしるしが赤チンだった、と言ったら、大袈裟だろうか。いいえ、決してオーバーな表現ではない。私に限らず四十代以上の者には少年少女時代の思い出が赤チンにはからんでいて、ただの傷薬で済まされないのである。

幼い日のノスタルジーをかき立てる赤チンだが、残念なことに今から二十年ほど前から、姿を消してしまった。その理由は赤チンの製造過程にある。

赤チン、つまりマーキュロクロムの化学式は$C_{20}H_8Br_2HgNa_2O_6$である。化学の苦手な者には頭が痛くなるほど長たらしいが、この中のHgに注目してほしい。そう、赤チンは水銀化合物なのである。

有機水銀中毒の恐ろしさを、すでに私たちは知っているが、その恐ろしさを知る第一歩は昭和三十一（一九五六）年にさかのぼる。この年の五月一日、熊本県水俣市の水俣保健所に「類例のない奇病が発生」と報告されたことが始まりであった。

原因不明の奇病は、魚介類を通して人体に侵入したある種の重金属による中毒とまもなく判明。そしてその重金属とは有機水銀であることも三年後（昭和三十四年）には明らかになった。つまり、工場の廃液が河口から海に流出し、廃液中の有機水銀が魚介に蓄積した。それとは知らぬ人々は汚染された魚を食べつづけ、その結果「類例のない奇病」に陥ったというのである。

当初、その悲惨な出来事は、九州の一地方に起こった特殊な出来事であり、自分たちには関係のないことだと日本人の大半が思っていた。けれども次第に、そんなふうにのん気に構えてはいられなくなった。昭和四十年代から、さまざまな公害問題が表面化してきて、水俣病も一地方の奇病ではなく、レッキとした公害病であると認識されるようになっていった。

昭和四十八（一九七三）年三月二十日、熊本地裁は水俣病は廃液のたれ流しによるものと工場の過失責任を認めた。すべての責任は企業と国にあるとの判決が下されたのだ。同年六月十二日、政府は「水銀等汚染対策推進会議」を設置し、まず苛性ソーダ工場での水銀使用中止を決定した。

水銀化合物は、公害関連物質に指定され、赤チンもその製造過程で水銀を出すために規制をうけることになった。国内での製造は停止され、赤チンは見かけられなくなったのである。

赤チンの消滅と軌を一にして姿を消したものがある。肘や脛、膝小僧を赤く塗った腕白坊主たちである。赤チンがつくられなくなったのだから当たり前ではあるが、ちょっと事情が違うのだ。

昭和四十七（一九七二）年八月二十日付の朝日新聞に、子どもの取っ組み合いのけんかが減ったという記事がのった。都内の小学二年生と五年生の男女三百人に行った調査の結果だが、口先で言い合うけんかなら良いが体ごとあたってゆくけんかは良くない、しないというのである。ぶつぶつと理屈っぽい口げんかなんてヒネた大人みたいだ。体と体をぶつけ合うけんかからは多くのことを学ぶ。痛みや手加減、相手を許すことと自分の非を認めることとの大切さ等々。だからこそ赤チンは勲章のような輝きを放ったのだ、腕白坊主の腕や足に。

　赤チンが消えたのはやむを得ない。しかし腕白坊主やガキ大将がいなくなったのも仕方がないことなのだろうか。

## 赤線入《あかせんい》り棒状体温計《ぼうじょうたいおんけい》

何だかとても大袈裟な名前だが、体温を測るいわゆる体温計のこと。

体温計には水銀体温計と電子体温計があり、といった説明がかえって邪魔なほど、デジタル式の電子体温計が普及し一般化している。今の若い人は、体温計といえば即座にこのデジタル体温計を思いうかべるだろうが、私たちの世代は違う。使用前には念のため体温計を上下に振って目盛りが上がっていないことを確認し、検温後、自分の体温をしっかり確かめてから再び上がった目盛りを振り下げたアナログ式の体温計が思いうかぶのだ。

体温計を振るという動作は電子体温計を使用するようになってからも、すぐには消えなかった。つい習慣で振ってしまう。それを見咎めて、笑いひやかすということが家族の間でしばらく続いたものだった。この気恥ずかしいお笑いギャグのような思い出とは裏腹に、私は当初、電子体温計が好きにはなれなかった。あまりにも素っ気ないというか、冷たいというか、機械的に表示される電子文字になじめなかったのである。熱っぽいのに平熱に近い体温が示されると、この体温計こわれてるんじゃないの、と不信感さえ抱く始末。

それに引き換え、アナログ式体温計、わけてもこの赤線入り棒状体温計は、嬉しかった。発熱による体のだるさを肯定するかのように赤い柱がまっすぐ伸びて、「ああ、私、風邪なんだ」と妙に嬉しくなったものだ。ひとは時に病《やまい》に身をゆだねたいと思うことがある。単調な日常に飽いて、あるいは判で捺したような生活に疲れて、ふだんとは違うところに身をおいて休みたいと思うことが——。そんな気持ちをまるで推し量ったかのごとく、体温計の赤い柱が七度二、三分を示してくれたときの嬉しさといったらない。熱でだるい体をもてあましつつ、一日中ゴロゴロと自分を甘やかすことが出来る。

この喜びは、子どもの頃にもあった。私は小柄でもやしのように痩せていたが、思いのほか丈夫で、めったに風邪もひかない子どもだった。ひいても少々の熱ではダウンせず、赤い顔をして遊んでいた。親も別に寝てなさいとも何ともいわなかった。それどころか当時の親の大半が七度五分以下の熱くらいで学校を休ませたりしなかった。学校を休むなどということはとんでもないことであり、休みたそうな素振りをみせると、子どものお尻を叩いて送り出したものだ。

学校に来てしまえば、ふつうに授業は受けたし、給食も食べた。そんな調子で二、三日もすると風邪は知らぬ間に治っていた、というのが常であった。一日中ゴロゴロと、自分を甘やかすことなど、夢のような話だったのである。

しかし、その夢がかなったことが、一、二度あった。鮮明に覚えているのは、昭和二十八年か九年の師走も押迫った十二月二十九日のことである。なぜ日にちだけそんなにハッキリ覚えているのかというと、あと二日でお正月、というので、父も母も正月を迎える準備で朝から忙しく立ち働いていたからである。

その日、私は新しく買ってもらった羽子板で妹と遊ぼうともせず、座敷にペタリと坐りこんでいた。台所と部屋を何回となく往き来する母はろくに私の方を見もせず「邪魔よ、どきなさい」とか「自分の机の上、きちんと整理したの」などと叱りつけていた。だが、いっこうにその場から動こうとしない娘の様子に「おかしい」と感じたのだろう。近くに寄って来て、一目見るなり大声で叫んだ。

「どうしたの、その顔！」私は、まるで金時の火事見舞いのような、まっ赤っ赤の顔で、ヘタリ込んでいたのだった。

さあ、それからが大変。赤線入り棒状体温計が腋の下に挟まれ、赤い線が九度一分を示すや母は仰天し、布団を敷くわ、水枕に入れる氷を買いに走るわ（もちろん、アイスノンなど当時はなかった）、大騒ぎになった。

この暮れの忙しい時に、と母は文句を言いつつもりんごをすり下ろしたり、せっせと水枕の氷をとりかえた。それればかりか、怒ったような物言いとは裏腹に、本を買ってとねだる私に『少女ブック』と『少女クラブ』の両方を買ってきてくれるという甘やかしぶりだった。『少女ブック』の松島トモ子と、『少女クラブ』の鰐淵晴子の笑顔が一ぱいにうつった表紙を見較べながら、私は病《やまい》によって許された甘えと我が儘を大いに楽しんだ。

この至福の時を保証してくれたのが赤線入り棒状体温計だった。赤線の長さが長ければ長いほど、母は私にやさしかったし、赤線が微熱を示すようになると母は安心して仕事に戻り、私は一日中ゴロゴロと自分を甘やかす幸せを満喫したのである。

赤線入り棒状体温計は昭和三（一九二八）年五月、現在のテルモから発売された。当時の社名はそのものズバリの（株）赤線検温器。この体温計に対する自信の程がうかがえるが、確かにガラス管の製造技術面において画期的な製品であった。

だが、やがて体温計は銀色に光る水銀体温計にとって代わられる。棒状のガラス管が平たくなり、目盛りも見やすくなった水銀体温計は、最初、学校の医務室（今は保健室というが）や病院で使用されていた。同じガラス管とは思えない程、冷たく理性的な光りを放つ水銀体温計は、微熱をいいことにゴロゴロと怠惰な一日を過ごしたいという甘えなど許さない、というふうに私には思えた。

事実、水銀柱は赤線より正確で、故障も少なかった。赤線は使っているうちに、棒線が切れてしまい、目盛りが何度を示しているのか分からなくなった。信頼を勝ち得た水銀体温計は、やがて日本の各家庭に常備されるようになり、赤線入り棒状体温計は姿を消していったのである。

現在、我が家に室内温度計（因みに、これもむかしは寒暖計といった）が三つあるが、どれ一つとしてデジタル式はない。赤線入り棒状体温計への郷愁からだろうか、赤い柱がグングン上がって暑さを示す、ガラス管が板に取りつけられたサーモメータである。

浅《あさ》ダルマ

子どものころ、お金持ちの子と貧乏人の子は一目で判った。金持ちの子は男の子なら坊っちゃん刈りといわれる髪型で革靴を履いており、貧乏人の子は坊主頭に靴はズックだったからだ。

「そうそう、ズックはたいてい破れてたネ。指が見えてたもんだ」

「金持ちん家《ち》の女の子は、幅広のきれいなリボンをつけてきて、うらやましかったなァ」

と合いの手が入る。ここは、町の割烹店、というよりちょっとした飲み屋といった方が似合っている。

この店は一風変わっていて、マスターが実に流暢な英語を話す。だが、その英語も日本語も聞いたことが殆んどない。外国人なのではない、不愛想でめったに喋らないのだ。ただ黙々と料理をつくる主人《マスター》をよそに、客たちはよく喋る。いつしか常連のうち昭和十六、七年生まれから二十四、五年生まれの男女のグループができ、少年少女時代の思い出話に花を咲かせるようになった。

その夜の話題は、金持ちの子と貧乏人の子の違いであった。「もはや『戦後』ではない」といわれてから十年後の昭和四十一年度「国民生活白書」で、国民の約半数が自分を「中流」だと思っていると経企庁は発表した。「中流」、つまり上（金持ち）でも下（貧乏）でもない、というわけだが、わたしたちが子どものころ、そんなグラデーションな考えはなかった。はっきりと金持ちとそうでない者とに分かれていた。

「あいつん家《ち》は金持ちだが、うちは違う、貧乏だ」というふうに認識したものだった。差別でもなければ、悲哀感もない。むしろ「貧乏もまた楽しからずや」で、次から次へと少年時代の思い出が蘇ってくる。

どの家も毎年暮れ、子どもたちに上から下まで一式、新しい服を用意した。シャツにパンツ、セーター、ズボンやスカート、そして靴。それをきれいにたたんで枕元に置いて寝たものだ。三ガ日を着物で通す子は、早く新しい靴がはきたくてウズウズした。まだ破れも染《し》みもない真新しいズックは白く光って目に痛いほどだった。

ズックは、今よくいわれている帆布である。木綿や麻の太い縒《よ》り糸《いと》で織った布で、丈夫で耐水性があり、帆布やテント、靴などをつくるのに用いられた。

とはいえ、ズックは布。雨に降られ、泥水がはねれば浸みた。白く輝くズックは買って貰ったときだけ。翌日から日毎に茶色くなってゆき、やがて穴が一つ二つあいた。

「破れてもすぐ新しいの、買ってもらえなかったよな」

「ズックだけじゃないよ、破れるの。私なんか、ねだってねだって、やっと買ってもらったビニールの靴、ベルトでパチンと留めるんだけど、そのベルトがすぐ切れちゃった」

「そうだ、ビニール靴もあった。あれ、冬寒いんだよネ」

ビニールシューズが爆発的な大ヒットをしたのは昭和二十八（一九五三）年である。底はゴム底だったが、甲の部分はビニール革。一見エナメルのような光沢があり、最初のうちこそ美しかったが、ゴム底とビニール革をつなぐ接着剤の品質が良くなかったから履いているうちに、パカンとあいてしまった。

靴の話で盛り上がっていると、寡黙な主人《マスター》が珍しく口を挟んできた。

「ぼくが子どものころは、ゴム靴でしたよ」と。

ゴム靴？　一瞬、ゴム長のことかと思った。昭和十年代の路地裏を撮った写真を見ると、メンコに興じる子どもたちの中に、ゴム長をはいている子がうつっている。だとすると、戦後もゴム長をはいて遊び回っていた子がいてもおかしくはない。

しかし、ポツポツとマスターが話すには、ゴム製の長靴ではなく、ふつうの靴の形をしているのだそうだ。靴の形をそっくり型にとってゴムを流しこんだような、いわば成型ゴム靴だったと。

さらに主人《マスター》のいうには、子どもは下駄でなければこのゴム靴を履いていて、由来は全くわからないが、ゴム靴を〝乙女の短靴《たんぐつ》〟と呼んでいたという。

残念ながら、わたしたちの中にはその〝乙女の短靴〟を知る者はいなかった。ただ一人、マスターの言ってる靴と同じものなのか定かではないが、総ゴム製の靴が店先で売られていたのをかすかに覚えているという者がいた。自分は履いたことがないが、多分、小学三年生のころ、運動靴《ズック》が千円くらいしたとき、九十五円で売られていたというのだ。

それは遠目には革靴のように見えた。靴ひもも一本一本はっきりとあり、子供心にじつに精巧なものだと感心した記憶があるという。だが、乙女の短靴に靴ひもはなく、甲の部分はオランダの木靴のようにのっぺりしていたそうだ。結局、二つの靴の関係は分からず、ただ、みすぼらしかったであろうゴム靴を〝乙女の短靴〟というロマンティクな名で呼ぶマスターの故郷の人々に、感嘆して、その夜は別れた（彼の出身は北関東）。

それから数年後、わたしは意外なところでゴム靴に出会った。山本七平の『屑屋のゴム靴』というエッセーの中に、友だちが履いていたゴム靴を「買って」とねだったが、母親の「ダメです」の一言でかなわなかった、と記されていたのである。

当時の子どもはゴム靴をよく履いており、山本氏は友だちと同じものを自分も履きたかったのだ。しかし母親は買ってくれなかった。それはゴム靴が子どもに履かせたくない代物《しろもの》だということを物語っている。山本氏の記憶では、当時、家に出入りしていた屑屋のおにいさんも履いていたとのこと（古新聞や古雑誌を買い取りに、各家庭を回って来る屑屋さんと呼ばれる職業の人が戦後までいた）。ゴム靴が決して高級品ではなかったことはこれで判ったが、しかし、山本氏は大正十（一九二一）年の生まれ。氏がゴム靴を履きたいと思った子ども時代とは、七〜十歳として昭和三〜六年ごろをさすと思われ、わたしたちとは時代的に合わない。

ところが、その後、何気なく昭和史をひもといていたとき、再びゴム靴と遭遇した。昭和十（一九三五）年、ゴム長をつくっていた日本足袋という会社が「ゴム製浅靴」を売り出したというのだ。長靴の技術をいかして、総ゴム製の短靴をつくったわけである。スリッポンシューズのような形で、履くのも脱ぐのも簡単そうだし、何よりも穴があいても手軽に修理が出来て便利。広く普及したという。

戦争が激しくなり、原料統制で生産が中止されたが、戦後の昭和二十五年ごろから再びつくられるようになった。これが戦前にも増して人気を博し、そのズングリとした形から〝浅ダルマ〟の名で親しまれたという。

この戦後の〝浅ダルマ〟が、もしかして〝乙女の短靴〟に通じるのではないか？　戦後の復興と共に成型加工の技術も品質も向上。飲み仲間の言った靴ひもの一本一本までリアルなゴム靴もつくられるようになったのではないか？

ところで、戦時中に姿を消したゴム製浅靴の行き先も、山本七平氏のエッセーからわかるのである。

「後に軍隊で『営内靴』という、兵営の中で履く妙なゴム靴を支給されたが、それが何とあのゴム靴を巨大化したような靴であった。それを見たとき、妙な所でやっと望みがかなったような気持で、苦い笑いを浮べたことを思い出す」

山本七平氏は故人となり、ゴム製浅靴もとっくに姿を消した。しかし、このゴム靴がいかに人々に愛されたかは〝浅ダルマ〟という名からもうかがえる。日本人は親しみを抱いたものにダルマの名をたてまつるのだ。達磨《だるま》宰相と呼ばれた高橋是清しかり、赤ダルマと呼ばれた赤電話（公衆電話）しかり。

今、わたしが成型加工の靴を履くのは風呂場そうじのとき。ポリ塩化ビニールのバスシューズだ。日本は平和になり豊かになったものだと改めて実感する。

## 蠅取り紙（ハイトリ　リボン）

閣議というのは、内閣の意思決定を行うところである。この重要な場で、昭和三十（一九五五）年六月、私たち国民にとって身近な一つの事柄が決定されたのだが、何とその身近な事柄とは、蚊と蠅を撲滅するための三カ年計画であった。

伝染病を媒介する蚊と蠅は、確かに野放しにしておいてよいものではないけれど、重大な事件を審議し決定する閣議で、蚊と蠅の国民運動が決定された、というのには、びっくりしてしまった。それが昭和三十年という、さして遠くない過去であることもまた二重の驚きだ。

かつて、中国共産党政権が国をあげて蠅撲滅の一大キャンペーンを展開したというが、自分の国、日本でも同様のことが行われていたとは全く知らなかった。

昭和三十一（一九五六）年の初め、日本はすでに蚊と蠅の駆除モデル地区を約九千カ所も指定しており、それぞれの地域では駆除方法や成果についての研究会がもたれたという。住民を招集し、地域ぐるみの清掃や薬剤散布が行われたというから、まさに大規模な国民運動だったといえる。

東京のある区では、ＤＤＴの空中散布までしたといい（ＤＤＴは人体に有害で、一九七一年から使用禁止となった薬品だというのに！）、とある小学校では蠅取り大会が催されたそうだ。

それはどんな大会だったのか。うるさく飛び回る蠅を大勢の小学生がつかえまようと右往左往するさまを想像すると、おぞましい。一ばん多くとった者が表彰されたそうだが、果たしてそんなことが胸を張れることだろうか？

いずれにしても、これらのエピソードは撲滅運動が大々的に行われたことを物語っている。それなのに、どうして私には記憶の一片すらないのだろう。当時、まちがいなく私も小学生のはずだったのに。

蠅退治にまつわるものとして、私が知っているのは、蠅叩きと蠅取り紙である。蠅叩きはシュロの葉を短く切ったものだったそうだが、私の子どものころは柳のようなしなやかな枝をたわめて作ってあった。その後ビニール製が出回ったが、これは腰がなくてピシッと小気味よい音をたてて蠅を打ち落とせなかった。

蠅取り紙は、実際に使ったことはない。でも、ある意味で蠅叩き以上に馴染み深い。うちでは使わなかったが、しょっちゅう目にしていたからだろう。食べ物を扱う店では、必ずといっていい程、蠅取り紙が二、三本天井から下がっていた。食堂に入っても（レストランなんて言わなかった）ぶら下がっていたし、魚屋さんの店先には数本、中にはのれんのように何本も吊り下げている店もあった。

小学生のとき、同級生に魚屋さんの娘がいて通学路が同じだったため、毎朝その子のうちに寄って一緒に学校に行った。「○○ちゃん、学校に行きましょ」と外から声をかけると、家の中から出てきた○○ちゃんは店先の蠅取り紙の下を通って表に出てきた。もちろん、蠅が何匹か、くっついている時もあり、彼女が支度に手間取って待たされた時などは、じっーと蠅取り紙を見つめていたものだった。いい気分ではなかったが、ひどく嫌悪した覚えもない。まだ蠅と人間が共生していた時代のことだ。毎日風呂に入り、抗菌グッズで育てられている現在《いま》の子どもたちには想像もつかないことだろうけれど。

　蠅取り紙は、正式には「リボン型ハイトリ紙」という。紙テープの両面に粘着剤が塗ってある一メートルくらいの長さのもので、天井から吊るして使った。なあーんだ、ガムテープの両面テープタイプじゃないか、と現在《いま》なら一言で片付けられてしまうが、ハイトリリボンが登場したその当時は、画期的なことだった。昭和五（一九三〇）年のことで、発売したのは「カモヰのハイトリ製造所」という会社。社名からも判るようにそれまでもハイトリ紙を生産していたのだが、リボン型を考案して売り出すと、その軽便さが受けてまたたく間に普及したという。

　ハイトリリボンがヒットしたわけは、蠅がよく天井にとまるという習性を利用したところにある。粘着性の強いテープを天井から吊るしヒラヒラさせておくだけで、蠅の方から勝手にくっついてくれるのだ。水平に置いていたものをタテにしたら、という単純な発想だが、なるほどアイディアである。他にもこの習性を利用して作った蠅取り器がある。先端がラッパ型になっている細長いガラスの筒で、蝿取り瓶とか蝿取り棒といった。

この蝿取り瓶の使い方は、先端のラッパ状の部分を蝿がとまっている天井にピタッと押しつけるのである。すると蝿が吸引されて細長い管《くだ》を落下してくる。底には水、または消毒液が入れてあり、墜落した蝿は水死するという仕組みなのだ。

この仕組みの蝿取り器が、昭和初期に売り出されたときには「スイコミック」という名前だったそうだ。名付けて妙、これまた、アイディアである。

蝿取り瓶（棒）が広く普及したのは、昭和二十年代に入ってからだという。蝿の死骸を捨てやすいように底の部分が取り外せる改良品も売り出され、昭和三十四（一九五九）年にはガラス製でなく塩化ビニール製のものも登場してくる。想うに、塩ビ製よりガラス瓶の方が風情があってよかったのではないか。蝿取り器に風情というのもおかしいが、蝿取り器の種類は豊富で、中には一級の工芸品の趣きをもつものもあるのだ。

魚屋さんには、ハイトリリボンのほかにランプ型のガラス製蝿取り器も置いてあった。ランプというのは、私のイメージで、正確に伝えようとすれば、お椀をふせたような形といったらいいだろうか、ドーム球場の屋根というべきだろうか、半円球のガラス器である。

中央が空洞になっていて底は内側にせり上がったドーナツ状。穴の真下に餌をおき、底には水、米のとぎ汁などを入れておく。餌にたかった蝿が飛び立とうとするとガラス瓶の天井にぶつかり、水の張ってあるところに落下する。これも蠅が垂直に上へ飛びあがる習性を巧みに利用したものである。

透明のガラス器に蠅の死骸が黒くたまって見えるのは不快にはちがいないが、なまじプラスチックなどでつくられるよりもいい。何よりもフォルムが美しく感じられるのはガラス製の故だろう。

このガラス製蠅取り瓶は大正三（一九一四）年に特許登録されたが、大活躍したのが十三年後。昭和二（一九二七）年七月二十日、東京全市でいっせいに「はえ打殺しデー」が実施されたとき、これが大いに活用されたのである。この日の捕獲数は何と四五九九万六四六八匹をかぞえ、最も多く蠅をつかまえた人は、五万一三〇四匹だったという。

驚くというより、絶句する。が、これはかつて日本人がいかに蠅退治に奮戦してきたかということだろう。

その奮戦ぶりを物語るのが、数々の蠅取り器。フォルムの美しいガラス製蠅取り器は、もともとヨーロッパから明治後期に入ってきたものだというが、特許制度が整ってくる大正期に入ると、日本のオリジナルの蠅取り器が開発された。円筒や円盤に餌を塗り、蠅が餌にとまると回転して蠅が逃げられなくなる回転式蠅取り器には、工夫のあとがみられる。

この皿状の回転板は、ゼンマイでゆっくり回転した。皿にとまった蠅は皿と箱の小さなすき間に入って、自動的に金網の箱にポトリと落ちるという仕掛けで、もちろん回転板には蠅の好物の味醂や酢などを塗っておく。

今からみると、単純、というより原始的な道具にしか見えないだろうが、この回転式蠅取り器の名は「ハイトリック」であり、また、「自動蠅取器」といった。

石油を入れた盥《たらい》を天井にかぶせるという野蛮な方法や、黐《もち》（粘々《ねばねば》した樹液が出る）の棒を吊り下げる単純なことが行われていた明治時代に比べれば、確かにこれは目を見張るものだった。ゼンマイ仕掛けなら任せろとばかりに、各地の時計メーカーが競い合って製作、名前もハイトリックや自働蠅取器などさまざまだったように、デザインも多種多様だった。

蠅取り器は室内で使うもの。客を通すこともある座敷に、蠅の死骸が丸見えでは興ざめだ。だから各メーカーとも工夫をこらし、美しく仕上げた。箱の前面に彫りやガラス絵の装飾が施され、それは蠅取り器というより、目にも楽しいインテリア小物といえる。いい物をていねいに作り上げるという職人の自負と技が光るこの日用品の値段は、八十銭だった。

# ガスアイロン

ＩＮＡＸが出した『道具の謎とき』という本を手にし、一ページ一ページめくりながら私は驚いたり感心したりしていた。

その本は一言でいえば古今東西の生活用具の写真集。不勉強な私はＩＮＡＸがこのような本を出していることに、まず驚いた。ＩＮＡＸといえばＴＯＴＯと並ぶ日本の二大便器メーカーといった程度の知識しか持ち合わせておらず、トイレや便器にまつわる出版物しかないと思っていたからだ。

一ページごとに目にとびこんでくる道具たちの存在感。精巧なつくりと芸術的フォルムの妙に、私は感動すら覚えていた。

と、あるページで私の目は釘づけになった。鉄であろうか、金属製のどっしりとした容器が私を圧倒したのである。卵形のじつにシンプルな形だが、ゆるぎなくそこに存在していた。力強さと気品の高さはロマノフ王朝のイースターエッグを連想させた。

だが華麗な宝飾品ではないことは、実質的な鉄製であることと、温度計らしきものが取り付けられていることからも判った。「昭和初期、日本の台所や食卓で使われていた文明の利器」というキャプションがあり、何とこれは「ガス卵茹《ゆ》で器」だったのである。

昭和四十年代半ば、先輩が結婚するとき、お祝の品をたずねたら、「電気茹で卵器」が欲しいといった。そこで私たち後輩はお金を出し合ってプレゼントした。電気茹で卵器は当時の憧れの生活用品の一つだったのだ。しかしそれより四十年も前、すでにガス卵茹で器があったとは二重三重の驚きである。

だが、確かに昭和の初め、〝ガス器具の花盛り〟と呼べる一時期があったのだ。この驚きの卵茹で器のほかに、ガス魚焼器、ガス芋焼き器、ガスアイロン、ガス七輪、ガス火鉢、ガス炊飯釜《すいはんがま》、ガストースター等々、わたしたちの予想を超えるガス器具が販売されていた。

とくに、昭和六（一九三一）年に売り出されたガスアイロンとガス風呂は爆発的人気を得た。といっても、どちらも初登場ではない。ガスアイロンは大正時代に電気アイロンに取って代わられ悲哀をなめていた。で、東京瓦斯《ガス》が新型を開発して再度市場《マーケット》に送りこんだのだ。電気代が高いとか、故障しがちで修理が大変といった電気アイロンの欠点を突いて、みごと人気奪回、王座に返り咲いたのである。

家庭用のガス風呂は明治四十三（一九一〇）年に売り出された。ガスバーナーを内蔵した風呂釜で「火災の危険が少なく、木炭《すみ》に比べて時間も手間《てま》もかからない」と大々的ふれこみであったが、普及率は今ひとつだった。

ところが昭和六年、東京瓦斯《ガス》がその名も「早わき釜」と名づけて売り出したガス風呂は人気沸騰。早わき釜といえばガス風呂を指した。味の素が化学調味料の、ウォークマンが携帯用ヘッドフォン・ステレオの代名詞となったことを思えば、その浸透ぶりが想像されよう。

昭和初期にガス器具文化の花が開いたのには、わけがある。大正十二（一九二三）年九月一日に起きた関東大震災だ。ご存知のように関東大震災は、マグニチュード7・9という大激震が関東地方をおそい、死者九万三三一人を出す大惨事となった。これほどの犠牲者を出した原因は火災の発生だった。地震が起きたのは正午少し前、ちょうど昼食の支度にとりかかっている頃だった。まだ七厘に火を起こし鍋をかけたり魚を焼いたりという家庭がほとんどだった。七厘の炭火《すみび》はあっけないほど簡単に崩れ落ちた建物に燃え広がったのである。

白木屋デパートの火災（一九三二年）が女性のズロース着用をうながしたように、関東大震災を機に、薪《まき》や炭《すみ》からガスへと炊事用の熱源の転換が促進され、さまざまなガス器具の発達をみたのである。現在《いま》の私たちから見れば、「えっ、ガスアイロンが安全⁉」と、ちょっとびっくりだが、その頃は鏝《こて》を熱くして布地を伸《の》したり、炭火アイロンが出回っていた時代。ガスアイロンは安全でモダンな文明の利器であった。

そもそもガス会社は、家庭用のガス器具を売り出した当初から、利便性と安全性をアピールしてきた。明治三十四（一九〇一）年、まさに二十世紀の初め、ガス焜炉《こんろ》が登場したときの宣伝文句《うたい》は〝早くて、きれいで、便利〟であった。翌年には神田の牛鍋屋が従来の火鉢に代えてガス七厘を使い始めたが「これは便利、早くて燃料費も安い」と大好評だと、宣伝につとめた。それまで、おもに照明用にしか使われていなかったガスだが、一般家庭への供給量が増えてきたため、炊事用としても使えると一大宣伝を行ったのだ。

明治四十三（一九一〇）年に、家庭用ガス風呂釜を発売したときも「火災の危険も少なくて……」と安全性をいっそう強調したのだったが、そのときは消費者の耳に届かなかったようだ。

そして大地震の発生である。あちこちから火の手が上がり、人々は逃げまどった。もし煙にまかれるようなことがなかったなら、九万三三一余人もの命は奪われなかったといわれている。実に恐ろしき《げ》は火災だと、人々の目はガスに向けられ、ガス器具文化の花が開いた、というわけなのだ。

昭和八（一九三三）年、ガスは電気や木炭《すみ》をおさえて、家庭用燃料のトップに躍り出た。これはガス業界にとっては、快挙であった。思えば明治以降、ガスは電気との戦いにあけくれ、口惜しいことに常に一歩リードされてきた。銀座の風物詩となったガス灯が、ようやく一般家庭にも普及し始めたと思ったら、明治二十（一八八七）年、東京電灯会社が各家庭への送電を開始。ガス灯はあっさり電灯に負けた。ガス焜炉《こんろ》（七厘）やガス釜は、炭《すみ》や薪の根強い人気に勝てなかった。ヒットしたと思ったガスアイロンも大正時代、電気アイロンに王座を奪われた。

だからこそ、昭和六年のガスアイロンのまき返しと、早わき釜の爆発的人気、そして家庭用燃料の第一位という出来事は、まさに驚くべき快挙だったのである。

## ツルマル羽釜《はがま》

飯炊き釜を羽釜《はがま》という。釜のほぼ中央部に、かまどにかけやすいように付けられた土星の輪のような鍔《つば》を羽《はね》といい、俗に羽釜と呼んでいる。

釜の歴史は古いが、この羽釜が一般に使われるようになったのは江戸時代末期ごろからで、意外に新しいのだ。

お釜は、この鍔があるからこそお釜という感じがするのに、その長い歴史（奈良時代には、盛んに用いられるようになっていた）の中で、羽釜スタイルはわずか百四、五十年にすぎないのである。

釜は銅製もあるが、炊飯用は鋳鉄製が主である。ところが、このツルマル羽釜はアルミニウム製なのだ。「だから、どーなんだ！」とピンとこない方のためにいえば、アルマイトの弁当箱を思い出してほしい。あの薄くて軽い弁当箱と、どっしりとした重量感のある釜が同じ材質だと考えると、これはちょっと驚きであろう。

アルミニウムは軟らかくて軽い金属で、加工しやすい上に人体に無害なので、弁当箱をはじめ多くの家庭用品や建築に利用されている。しかし、最大の欠点が酸に弱いこと。

そこでアルミニウムの表面に酸化物の膜をつくって腐蝕しにくくしたのがアルマイトである。

アルマイトといえば、私などは美しい花鳥やかわいい女の子が描かれた弁当箱を思い出す。今でこそプラスチックにとって代わられたが、アルマイトは超薄型から、ドカ弁、箸入れ付きとさまざまの弁当箱を世に送り出した、いわば弁当箱の代名詞でもあった。

しかし、弁当箱に負けず一時代を築いたのがツルマル羽釜だったのだ。

昭和七（一九三二）年四月、日本アルミニューム製造所（現・日本アルミニウム工業）が、世界初のアルマイト工場を完成、日用品の製造を手がけたのである。そのなかで生まれたのが、ツルマル印の羽釜だった。この釜の売りは丈夫でご飯がこびりつかないこと。従来の鉄製の釜より軽くて扱いやすい上に丈夫、ご飯がこびりつきにくいから洗いやすいとなれば、主婦に気に入られないはずがない。ツルマル印の羽釜は人気を博し、ロングセラー商品となったのである。

ツルマル羽釜の王座を奪ったのは、いうまでもなく電気釜である。

面白いことに、電気釜の誕生はツルマル羽釜より早い。昭和二（一九二七）年、東京の早苗商会が、〝電化がま〟を発売したのだが、ボディがアルミニウム製だった。もちろん鍔はなく、もう一つの釜の必須条件である厚い木のフタでもないから、〝電化がま〟はどう見ても鍋にコードをつけただけの代物であった。しかも、吹きこぼれを防ぐために目が放せず、〝電化がま〟のそばを離れられなかったから、当然、主婦の支持は得られなかったのである。

ツルマル羽釜を追い落とす電気釜の登場は、昭和三十（一九五五）年まで待たなければならない。同年十二月、東京芝浦電気（現、東芝）が、その名も自動炊飯器を発売した。何より画期的だったのは、スイッチをポンと押すだけで、自動的にご飯が炊き上がることだった。火加減に気を配る必要もなく、釜のそばを離れても構わない。それどころかタイマーをセットすれば好きな時間に炊ける完全自動式の電気炊飯器だったのだ。主婦の人気が得られないはずがない。値段は一・一リットル炊きで三千二百円だったが、爆発的に売れ、翌年には家庭の五十％に行きわたったという。この当時、電気冷蔵庫・電気洗濯機・電気掃除機が〝三種の神器〟と称されたが、どうしてどうして、この自動炊飯器も主婦の台所仕事を便利にしただけでなく、家事革命の一翼を担ったと、私は思う。

電気釜の販売台数は、昭和三十二（一九五七）年には百万台を突破している。いかにすさまじい勢いで普及していったかを物語るものであり、ツルマル羽釜の凋落は必然であった。

ところで私は、お釜の形にこだわりがある。ご飯は薪で炊くのが一番おいしいと、現在でも頑固にかまどで炊いている日本料理店があるようだが、私はもちろん、そこまではこだわらない。

しかし、固い米粒からふっくらしたご飯に変身するヒミツの道具お釜は底の丸い、円形でなければならない。四角いお釜はお釜ではない、と。つまり私が言いたいのは、近頃主流の電気釜のデザインが気に入らないということなのだ。角々《かどかど》に丸味があるものの、従来の釜の型からいえば四角い電気釜が登場したとき、こんなのお釜じゃない、と不満の声を内心あげてしまった。私は長い間、かたくなに新型電気釜をうけ入れずにきたが、とうとう抗しきれず我が家にも四角い電気釜が二年前やって来た。

どんなに気に入っていても、こわれて使いものにならなければ諦めるしかない。代わりの新しいものは、前のとは違う姿かたち。便利になっているかもしれないけれど、しゃれたデザインなのかもしれないけれど、こうやって少しずつ少しずつ、新型商品に押され、懐かしきものが消えてゆく。

たかが、お釜の形くらいで大げさだといわれるかもしれないが、しかし、全国に知られる横川の釜めしを考えて下さい。この駅弁のおいしさと人気の秘密は紛れもなく、あの羽釜にあると思う。横川の釜めしの容器が、単なる矩形だったら、乗客があんなに大騒ぎして、買い求めるでしょうか?

生活がうみ出した羽釜の形は、シンプルな曲線美の極致である。

## 探見電灯《たんけんでんとう》

この探見（険）電灯という名前を聞いたとき、私は懐かしい人に再会したような気持ちになった。

初めてあうのだけれど、初めてとは思えない、といったような——。

それもその筈、探見電灯とは懐中電灯のことなのである。懐中電灯という呼称も古めかしいが、探見電灯も負けていない。何ともレトロな響きではないか。いったい「探見電灯」という名は、いつ消えたのだろうか？

探見電灯が発売されたのは、昭和七（一九三二）年のことである。発売元は松下電器製作所。すでに五年前に〝ナショナルランプ〟の名で自転車の夜間灯火用ランプを売り出していた松下電器が、あえて探見電灯という名をつけたというところが興味深い。ロウソクをともした提灯に比べたら、懐中電灯は文明の利器そのものである。〝ナショナルセブン〟とでも名付けてもよかったはず、と、興味はふくらむばかり。

そもそも探見電灯が売り出された当初の正式名称は「探見電灯ケース」といった。電池が二個入るものから五個入るものまで、値段も二十五銭から一円九十銭まで、五種類発売され、形もいろいろだった。豆電球をつける先端部がお椀か盃のようになっているものもあれば、筒型の胴体部分と同じ太さのまま、ドーム状になっているものなど、現在みられる懐中電灯の形がほぼ出揃っているのである。何よりも驚くのは、どれにも携帯に便利なようにリングがついていて、これが現在売られている懐中電灯にもちゃんとついていることである。どということのないアイディアのようだが、これがあるのと無いのとではずい分使い勝手が違う。一つの部品が、一つのアイディアが、七十年近くも生きつづけているのだ。もうとっくに探見電灯なんて言わなくなったというのに。

探見電灯は、戦後「探険電灯」と表記を変え、やがて懐中電灯と呼ばれるようになってしまったが、その形と機能はほとんど変わらなかった。この形が変わらないということが探見電灯の懐かしさのひみつかもしれない。そう、形が変わらないから呼び名が変わっても懐かしいのだ。変わらない友情、変わらない微笑み、変わらない手の温もり……といったように、今も変わらずにあるということがとても重要なのであり、それが物である場合は昔の形のままということが大きな意味をもってくる。

ふるさとを訪ねたときに、町の名は変わっていても育った家、学んだ校舎が残っていれば、いっきょに幼い昔に返れる。だが町の名は変わらなくても見覚えのない建物が建ち並ぶ町に変貌していたら、懐かしさも半減するように、である。

だから私は探見電灯と聞いて懐かしい気がし、さらに写真でその姿かたちを見ていっそう懐かしさがつのったのだ。

だが、郷愁を覚えるばかりで、私は世代的に探見電灯にまつわる思い出がない。ちょっと残念な気がしていたら、探見電灯のステキな思い出をもつ人に出会った。評論家の森本哲郎氏である。氏は『青いビー玉』というエッセーのなかで、売り出されたばかりの探見電灯を父親に買ってもらった喜びを語っているのである。

小学生の森本氏は、いつも電気店のショーウインドーをのぞいていた。ウインドーに飾られていた手提げ電灯が欲しくてならなかったのだという。それは持ち手のついた黒い箱型の懐中電気だった。

なぜ欲しかったのかといえば、当時、森本氏は他の学校に編入するために毎晩、先生のところに通って勉強していたのである。現在《いま》のように街灯が整備されていなかったから、東京といえども夜道は暗い。まだ小学三年生の子どもが一人で歩くのは心細かった。夜道を照らしてくれる手提げ電灯があったらなァ、と願ったのである。

その切実な思いが通じたのか、ある夜のこと、父親が途中まで送ってきてくれ、電気店の前で「なんと、新しく売り出された『懐中電気』を買ってくれたのである！」

この一文に遭遇したとき、私は「新しく売り出された『懐中電気』」こそ、探見電灯にちがいない、と直感した。「それは銀色のピカピカした筒型」とあるし、年代的にも一致するからだ。大正十四（一九二五）年生まれの森本氏が小学三年生といえば昭和七、八年。松下電器製作所から探見電灯が発売されたのは既述のとおり昭和七（一九三二）年四月のこと。時期的にあっている。

冬の夜道は寒くて暗い。なのに文句もいわず毎晩通う息子を見て、さしもの厳格な父親も不憫に思ったのだろうか。探見電灯が売り出されたときの値段（二十五銭～一円九十銭）が、当時のサラリーマンの平均月収（約九十円）に比べて高いのか安いのか、ちょっと見当がつかないのだが、ともあれ父親は息子のために、お金をはたいたのだ。

手提げ電灯どころか、思いもかけず最新型の探見電灯を買ってもらった森本少年の喜びは、どれほど大きかったろうか！

「新たな〝武器〟を手にした私は勇気百倍、それをつけたり消したりしながら意気揚々と闇の中に突き進んだ」森本少年の姿が目に浮かんできて、笑みがこみあげてくる。

ところで私は、森本氏が最初に欲しいと思っていた「手提げ電灯」にも興味をそそられた。持ち手を握って、「ぶらぶら振って歩くと、光の帯が足もとで縦横に揺れ動くのだ」とか。足元をゆらゆらした灯りに照らされて歩くなんて、何と幻想的な！　売っているものなら今すぐにでも欲しいほどだ。

「持ち手のついた黒い箱型をした懐中電気」という一文から、古い幻燈機が連想されたが、いったいどんなものなのか、想像はふくらむばかりである。

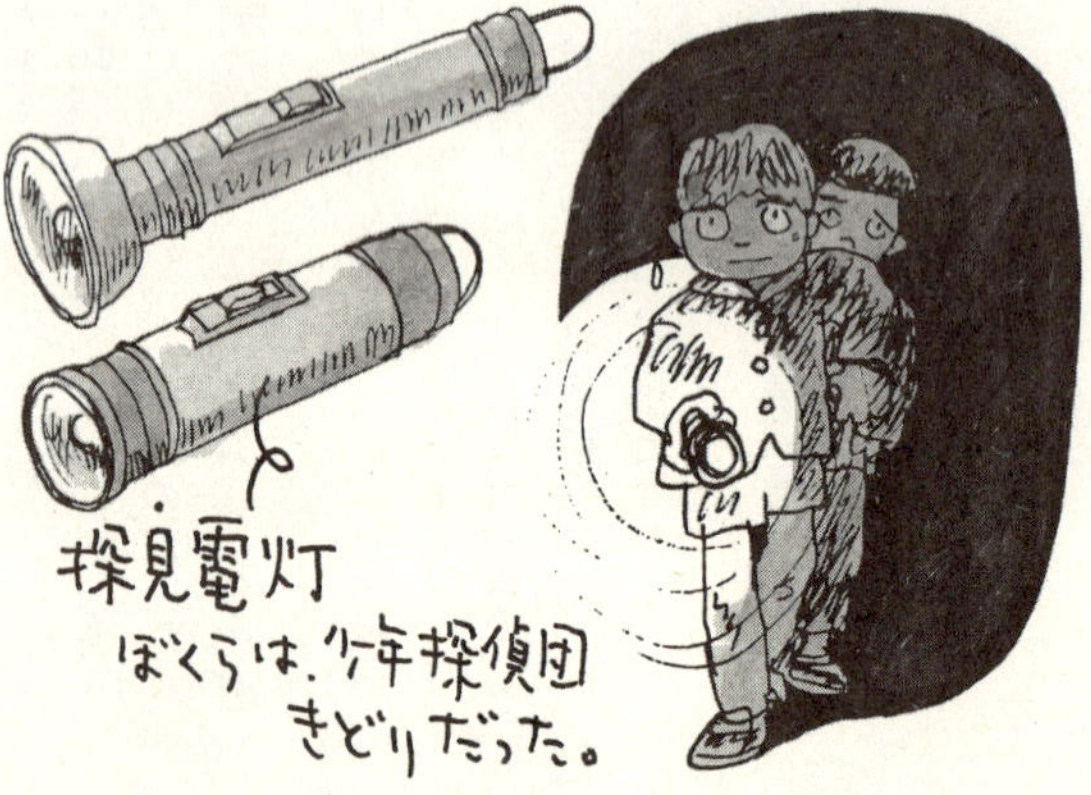
探見電灯
ぼくらは、少年探偵団
きどりだった。

# サッカリン

人工甘味料のサッカリンを知ってるか知らないかは、世代を区分けするリトマス試験紙になるのではないだろうか。人工甘味料といえば〝チクロ〟を思いうかべるのが若い世代、サッカリンやズルチンの名がうかぶのは年輩者である。

私もサッカリン世代だが、しかし本当のことをいうとサッカリンがどんな形をし、どんな色をしているのか知らない。後味が苦いということを聞いたことはあるが、実際に目にしたことがないのだ。資料で知ったサッカリンは顆粒で、いかにも化学薬品といった透明のビンに入っていた。

サッカリンが一般家庭でも使われるようになったのは、昭和十五（一九四〇）年以降。前年、第二次世界大戦が勃発し、軍事国家の道をひた走っていた日本も戦争への準備をおし進めた。隣組が強化され、ダンスホールは閉鎖、男の服はカーキ色の国民服に半強制、指輪やネックレスなど華美なものはぜいたくであり〝ぜいたくは敵〟となった。

マッチや炭、砂糖、味噌、しょうゆなどの生活必需品も配給制となり、昭和十五年十一月一日より切符制が全国で実施された。砂糖は一人一カ月当たり半斤《はんぎん》（約三〇〇グラム）、都市部でも〇・六斤（約三六〇グラム）しか許されず、これが実に今まで使っていた量の三分の一程度だったため、どの家庭もサッカリンに頼らざるを得なくなったのである。

ところが、このサッカリンやズルチンでさえ、戦後は配給となるのだ。戦争に敗けた日本は、台湾から得ていた砂糖が入手困難となり、極度の砂糖不足に苦しんだ。甘味《あまみ》に飢えた人々は闇市で売られる原料不明のあやしい人工甘味料にさえ手を伸ばすありさま。政府はズルチンの販売を許可し、昭和二十一（一九四六）年十月、東京の各家庭にズルチンとサッカリンを配給することを決定したのである。

一世帯につきズルチンは五グラム、サッカリンが三グラム。「えっ！　それっぽっち」と思うかもしれないが、ズルチンは庶糖《しょとう》（砂糖の主成分）の二百〜三百倍、サッカリンは五百倍もの甘味を有しているのだ。ほんのちょっと使うだけで、十分な甘味が得られる。ということは、ダイエットをしようとする人や糖分を控えなければならない糖尿病の人には、理想的な低カロリー調味料ということになる。だが、科学的に合成される人工甘味料には、当然といってよい問題があった。安全性の問題である。サッカリンには発ガン性の疑いがもたれ、ズルチンはそのサッカリンの何十倍もの毒性が指摘された。

にもかかわらず、人工甘味料の消費量は増加の一途をたどった。世の中が落ち着いてきて、一般家庭での使用は消えつつあったが、食品業界では相変わらず人工甘味料が使われたからである。昭和三十二（一九五七）年十一月、人工甘味料の使用に反対する抗議が厚生省や農林省になされた。栄養が全然ない上に生命の危険まである人工甘味料を食品加工業者に使用させるなと——。主婦連などの市民団体が抗議したのではない、精糖業者が行ったのだ。すなわちこのころ、人工甘味料の消費量が砂糖に食いこみ、精糖業者は自分たちの領分がおかされることに腹を立て、抗議に立ち上がったのだった。

このように毒とはわかりつつ使用されつづけた人工甘味料が使用禁止となったのは、昭和四十三（一九六八）年のこと。ただし毒性の高いズルチンだけであり、サッカリンには至っては昭和五十（一九七五）年まで待たなければならなかった。

今こうして人工甘味料の歴史をひもといて知るサッカリンと、私の中にあるサッカリンは、じつに大きなへだたりがある。

たとえば、ある日の夕食。母がいつもより弾んだ声で食事の出来たことを知らせた。食卓に座った家族を前に誇らし気に母は言う。「今日はご馳走よ」と。そのご馳走が何であったかは覚えていない。まだハンバーグが食卓にのぼる時代でなく、ソーセージといえばウィンナーでなく魚肉だったころのこと。本当にご馳走が並べられたのなら覚えていないはずはないのだが、私が記憶しているのはたったの一言。

「今日はおいしいわよ。サッカリンじゃなくて、お砂糖を使ったから」

残念ながら、メニューはおろかサッカリンのいやな苦味すら覚えていない。

もう一つ、サッカリンにまつわる記憶はものすごくファンタスティックな思い出だ。

東京の市街を都電が縦横に走っていたころのことで、五反田—金杉橋を走っていた四番にのり「一の橋」で降りて、麻布十番を横目でみながら狸穴《まみあな》の方に向かってゆくと伯母の家があった。五歳上の従姉が大好きだった私は、その伯母の家にしょっちゅう遊びにつれて行ってもらっていた。伯母の家の裏手に小道があり、小さな店が数軒並んでいた。その店へ、従姉はまとわりついてはなれない私を連れて行った。何を買いに行ったものか、どんな物が売られていたのか全く覚えがないのだが、従姉が店の人に「これこれを下さい」と言い、お金を払っている間、私は目の前をファーッと白い粉のようなものが飛び散るのを眺めていた。それはキラキラと光り、まるで雲母《きらら》の破片《はへん》が陽の光に輝いて舞いおどっているようだった。その粉は腕にふりかかり、舐《な》めると甘い味がしたので幼い私は、何度も何度も腕を舐《ねぶ》った。

この白い粉がサッカリンだと知ったのは、ずっとのちのことである。甘美で幻想的な思い出は私の中に大切にしまわれていたのではなく忘れ去られ、ある日ふとよみがえったのだ。そして従姉に会う機会があったとき、訊ねてみると、おそらくサッカリンだろうという答えが返ってきた。ただし、従姉は一度もサッカリンを買いに行ったことはないという。伯母、つまり母親に命じられたこともないし、自分から求めて買ったことなど一度もない、と。私を連れて入ったその店も何屋さんだったかハッキリ覚えていない。多分化粧品の類《たぐ》いを売っていたのではなかったか、とたいへん覚束ない。

有害なサッカリンとあまりにかけ離れたファンタジックな思い出。加えてあいまいな記憶。従姉に訊ねた日から、今日まで、私は狐につままれたような気持ちをずっと引きずっている。

# たばこ巻《ま》き器《き》

〝必要は発明の母〟というが、この「たばこ巻き器」を見ていると、つくづくその通りだと思う。

もちろん、戦中戦後の物不足の時代、ひとは「たばこ巻き器」以外にも知恵をしぼっていろいろな物をつくり出した。食用の鶏の足の皮を剝《は》ぎ、その皮をなめしてつくった「とりあし草履」というギョッとする代物《しろもの》もあれば、土瓶《どびん》とアイロンをゴムホースでつないだ、いかにも苦肉の策といった蒸気アイロンもある。

だが、たばこがすいたい一心で考え出された「たばこ巻き器」こそ、庶民の知恵が生んだ傑作だと思う。

構造は単純。長方形の箱に横棒が二本、わたしてあるだけ。使い方も簡単で、多少のコツは要《い》るものの、小さな海苔《のり》巻きをつくる要領でやればいい。焼海苔の代わりに薄い紙、ご飯とかんぴょうの代わりに路上に落ちているたばこの吸いがらを使うだけのこと。何しろ一本の紙巻きたばこをつくる道具だから大きさも十センチ足らず。男の手のひらに入ってしまう位のサイズである。

この小さな道具ひとつで、商売をする人が昭和二十一（一九四六）年ごろ、街頭にあらわれた。道端に落ちている吸いがらを拾い集め、ていねいにほぐして巻き直し、一本の紙巻たばことして売る職業の人たちである。

当時たばこは専売制。明治三十七（一九〇四）年以来、たばこは製造をふくむ全てが大蔵省専売局の所管であり、民間で勝手につくることも売ることも許されていなかった。当然ながら、お国の事情で価格も販売方法も変わってくる。日中戦争が長びき物資の不足が目立ってくると、たばこは空箱とひきかえでなければ販売しなくなった（昭和十六年四月一日から）。そして太平洋戦争へと突入し、ますます物資不足が高じてくると、たばこは配給制となった（昭和十九年十一月一日より）。

敗戦の二カ月半前には、たばこの配給は、一日あたり五本確保すると大蔵省は発表したが、実際には三本しか配給されなかった。愛煙家には気の毒な話だが、しかし喫《の》みたくても無いのだから、これを機に喫煙者が減ってよかったではないか、と考えるのは平和な今の時代の考え。喫煙者が逆にふえたというのである。

配給は、事前に喫煙者を調べたり、配給希望者をつのったりして行うわけではない。一律に各戸一日あたり何本という計算で配給される。吸わない人には有難くも何ともないが、せっかく貰ったのだから吸ってみようという人や、腹減ったなあ、〝茶腹もいっ時〟というから〝煙草も一服〟で腹の足しになるだろうと吸ってみた人など、配給がきっかけで煙草を喫《の》むようになった人が少なからずいたという。

これは戦争体験者から聞いた話で、

「私の周りには、そういう人がたくさんいましたよ。かく言う私もその一人で」

と照れたように笑い、

「自分が吸わないんだったら、吸う人にあげればいいものを、ああいう時は人間、意地汚くなるものなんですネ」

と、結んだ言葉に説得力がある。

何しろオブラートを食べたというくらい、本当に物のなかった時代なのだ。オブラートは粉薬を服《の》むための薄い紙状のものだが、澱粉質にゼラチンを混ぜてつくるから、お腹が空いたときには口に入れて空腹をまぎらわせたという。配給のたばこも吸ってみようと思うのも無理はない。

それにしても、喫煙者が減ってほしい時代《とき》に、逆に配給制度が喫煙者を増やしてしまったとは、何とも皮肉な話である。

戦争が終わって兵隊さんが復員してくると、国内には喫煙者がさらに増えたわけだが、たばこの配給制は依然としてつづいた。食料も日用品も、あらゆるモノが不足していたなか、たばこがどれほどの価値があったかを物語るのが、第一回宝クジの景品である。

戦費調達のために売り出された「勝札《かちふだ》」が終戦を境に「宝クジ」と名を変え、一枚十円で売り出されたのが昭和二十（一九四五）年十月二十九日。一等賞金の十万円はともかく、「全て空《から》クジなし　外れたクジ四枚で煙草十本と交換」というのには、まさに時代を感じるではないか！

そして、翌年一月十三日、愛煙家が待ちに待ったたばこが発売された。ズバリ平和を意味するピース（十本入り七円）である。だが日曜祝日だけの販売で、しかも一人一箱という制限つきだった。

この頃からである、たばこ巻き器を携えて街頭で商売をする人が現れたのは——。ピースに次いでコロナ（昭和二十一年）、新生（昭和二十二年）と発売されていったが、戦災をうけた専売局の工場は、需要にこたえられるほどの生産力をもっていなかった。ならば仕方がない、専売だろうが配給制だろうが、自分たちでつくって売るまでだ、というのが庶民の知恵とパワーだった。

吸いがらを巻き直して売る人もいれば、その吸いがらを専門に集める人も現れた。彼らは、先に針のついた棒を吸いがらに突き刺し、ヒョイヒョイと実に器用に拾い集めていった。

吸いがら拾いを俗にモク拾いというが、これが結構いい商売になったのである。吸いがらがないときは、トウモロコシの穂やイタドリの葉を乾燥させたものまで使ったそうである。吸いがらは、ある意味ではお金にも代え難い貴重品だったのだ。

そんなオイシイ仕事を眺めている手はないと、昭和二十二（一九四七）年の秋ごろからモク拾いの内職をする人が急に増えた。東京後楽園球場の周辺などは、さながらモク拾いのメッカのようであった。

いったいモク拾いでいくら儲かったのか？　一本のたばこに再生するには、吸いがらがおよそ三個必要だったという。真面目にやれば一日約百本分拾うことができ、一本分一円二十銭で業者が引き取ってくれたそうだから、月三千円の収入となる。当時、外食券食堂のA定食が五円前後で食べられ、ラジオが二千円で買えた。電気コンロは八十五円、散髪料が二十円というから三千円はかなりの副収入といえる。しかし、その一方で、塩鮭一本七百円、電力不足の影響でロウソクが闇値段で一本五百四十円もした。そんな物価不安定の時代だったから、モク拾いの内職に人気が集まったのも当然である。

再生たばこに必要な吸いがらはモク拾いの人によってまかなわれたが、それを巻く紙をどう調達するかが、もうひとつの問題だった。

本来は、両切りたばこは麻を主原料としたライスペーパーという薄い紙で巻くのだが、勿論そんなものは無い。手巻用巻紙が専売局で売り出されてはいたが、絶対量が不足で殆ど手に入らなかった。

ここでも庶民の知恵が働いた。英語の辞書を破いて使ったのだ。辞書に用いられている紙はインディアペーパーという薄くてしなやかな紙である。これは麻類を原料としているのだ。

庶民の知恵、発想の素晴らしさに拍手をおくらずにはいられない。

戦中戦後、たばこを吸いたいがために、たばこ巻き器以外にも、いろいろな物が考え出された。昭和十八年ごろは、たばこを口元まで吸うための紙製の吸口が売り出されている。現在の使い捨てパイプのようなものだが、これがタールやニコチンを吸いすぎないためのものであるのに反し、紙製吸口はたばこをギリギリまで吸おうというのである。

戦後は、薬莢《やっきょう》を利用したパイプ。俗に敗戦パイプと呼ばれたこれは、紙巻きたばこを三つ四つに切って無駄なく吸うために利用されたのだった。

どれもこれも、よく工夫してあるなと関心するが、いかにも手づくりといった感じの小さな道具、たばこ巻き器がいとおしくてならない。人々のたばこへの愛着がいちばん感じられるからである。

# カルメ焼器《やきき》

中華鍋とセットの、玉杓子を大きくしたような調理器具を何と呼ぶのか知らないが、これとよく似たものが、我が家にはあった。私が物心ついたときからそれはあり、しかもその玉杓子にはかぎりない愛着と思い出があった。母と私との、ワクワクする思い出だ。じつはこの玉杓子に似たものはカルメ焼器で、母はよくおやつにカルメ焼きをつくってくれた。

カルメ焼きは、今の子は知らないだろう、とは言わない。時折り町のお菓子屋で見かけるからだ。観光地のお土産屋にも売られていることがあるし、デパートの中の出店《でみせ》に並べられていることもある。カルメ焼きはここに行けば必ず売っているとは言えない代わり、偶然目に飛び込んでくることが間々《まま》あるのだ。

そして、カルメ焼きに目がとまった人は、ふと郷愁をおぼえ、買ってしまうことがあるに違いない。けれど私は買う気にはなれない。透明の袋に一つ一つ入っているカルメ焼き。時にはおしゃれなカゴにクッキーのように入れられて、気取って買い主を待っている。そんなのは、カルメ焼きじゃない！　と私の中で小さな叫び声をあげるもう一人の私がいるのだ。

色も違う。私の目の前で母が焼いてくれたカルメ焼きはもっと濃いブラウンだった。何だか妙にお上品なのだ。ザラ目の質が良すぎるのだろうか？

　カルメ焼きは、カルメラ焼きの縮まったものだ。カルメラが室町時代、ポルトガルから日本に入って来たときは、氷砂糖に卵白を加えて煮詰めた、白い色の上品な菓子だったそうだが、明治時代にはカルメ焼きという名の庶民のお菓子に変貌していた。東京の下町の屋台で売られていたそうだが、戦後の昭和二十三（一九四八）年から二十四年にかけて、配給の砂糖を利用して作られると、あっという間に流行したという。

　作り方は簡単である。冒頭の玉杓子状のもの（銅製だった）に赤ざらめと水を入れ煮立てる。カラメル状になったら重曹を加え、棒でかき回しつづける。プクップクッと泡が立ち、その泡の加減を見ながら素早く棒を抜く。するとプーッと大きくふくれ上がり、カルメ焼きの出来上がりとなる。

　棒を抜くタイミングと素早さがカルメ焼きづくりの唯一のコツで、これを誤るとふくれてくれない。つまりカルメ焼きになってくれないのだ。だから、私は母の手元をハラハラドキドキしながら見ていた。泡が立ち始めると、砂糖の焦げる香ばしい匂いが鼻を刺激する。一刻《いっとき》も早く食べたいという逸《はや》る気持ちをおさえながら、母が棒を引き抜くその瞬間を、固唾を飲んで待っていた。

　ところが、母はよく失敗した。引き抜いてもふくらまないのだ。めげずに母は次の一箇にチャレンジするのだが、運の悪い日は四箇つくっても五箇つくっても、ひとつもふくらまなかった。ペシャンコのカルメ焼きを口に運びながら母は言う、「これはこれで、美味しいじゃない」と。

そう、あれはあれで美味しかった。気泡でフワッとふくらんだカルメ焼きをパリッとかじるときの至福感こそなかったが、その代わり甘さと香ばしさが凝縮していた。

母と私にワクワクしたひとときをもたらしたカルメ焼器は、我が家からいつ姿を消したのだろう。母も私も、家族の誰も覚えていない。

ところで母は、どうしてカルメ焼をしょっちゅう失敗したのだろう。母は決して不器用な人ではなく、わたしたち姉妹はいつも母の手編みのセーターを着ていたし、たのまれれば母は着物も縫っていた。料理だって下手だったわけではない。

今、母に訊ねても、気まり悪げにヘッヘッと笑うばかりで応えない。おそらく、母がカルメ焼きをつくってくれたのは、大流行からだいぶたっていたころなので、つくり方があいまいだった、と母の名誉のために言っておこう。昭和二十三、四年に大流行したといったが、戦前からカルメ焼きは売られてもいたし、家庭でつくられてもいた。カルメ焼器も金物屋で売っていたそうだ。

今はどうなのだろう。合羽橋あたりに行けば売っているのか。カルメ焼器を手に入れて一度作ってみようか。紅茶のシフォンケーキもいいけど、手づくりのカルメ焼きでお茶っていうのも乙《おつ》じゃない！　何よりも、母の敵討ち、みごとにふくらませてみせましょう。

## 赤電話《あかでんわ》

「ねえ、知ってるかい。白バイって、最初は赤かったんだよ」
「赤かったって、それじゃ、白バイじゃなくて赤バイじゃないか」
「そうだよ。大正時代に入って交通事故が増えてきたために、交通取締まりの赤いオートバイが大正七（一九一八）年にできてネ。通称赤バイって呼ばれたんだ」
と、自慢気に知識を披露するあなた、確かに警視庁のオートバイは昭和十一（一九三六）年まで赤色だった。では、赤い公衆電話の始まりが実は黒い色だったことをご存知だろうか。

赤電話のほかに、青電話や黄電話はあったが黒い公衆電話なんて聴いたことがない、きっとそう答えることだろう。

ところが昭和二十六（一九五一）年、商店の店先に置かれる、いわゆる委託公衆電話が登場したとき、店頭のそれは紛れもなく黒い色をしていたのだ。

委託公衆電話とは、電気通信省（当時）がたばこ屋や薬局などの店先に電話機を置かせてもらうだけでなく、通話の取り扱いも商店に委託するシステムだった。この制度は電気通信省にとって大きなメリットがあったが、利用者にも大変便利な方法だった。双方にとってプラスなのだから、黒電話は一気に増加してもよいはずだったが、これが大誤算。利用者は増えず、黒電話の設置台数は伸びなかったのである。

皮肉なことに、その不評ゆえに赤電話が登場することになったのだが、その経緯《いきさつ》を説明する前に、公衆電話の誕生と歴史をひもといてみよう。

まず最初に、上野駅と新橋駅の構内に公衆電話は設置された。時は、明治三十三年九月十一日、二十世紀は今年からか、来年の一月一日からかと論争かまびすしかった一九〇〇年の初秋のことだった。このとき、しかし公衆電話とは呼ばず「自働電話」といった。アメリカのオートマティック・テレフォンの訳語《やくご》らしいが、これがちっとも自《オート》動《マティック》ではなかった。ハンドルを回して交換手を呼出し電話番号を告げる。すると交換手が料金を「お入れなされ」という。通話料は十五銭。五銭白銅を入れると「チーン」、十銭銀貨を入れると「ボーン」という音がし、この音を確かめてからでないと交換手は電話をつないでくれなかった。あわてて交換手が出る前に硬貨を入れてしまった場合でも料金は戻ってこないし、今から考えると不便極まりない自働電話だが、明治末には全国二百カ所に設置されるほどに普及、大正時代の雑誌（『時事漫画』大正11年11／26日号）には、電話ボックスの前に長い行列が出来ている漫画もみられる。もっとも、これは女性の長電話のために行列が出来ていると皮肉ったもの。このころには、「女の長電話」ということばが一般化したとのことで、ポケベルや携帯電話の普及を思いおこすまでもなく、電話事業の発展に女性の存在は欠かせない、といえそうだ。

この自働電話が女性に気に入られたのは、もちろん便利だということもあるが、電話ボックスのモダンさも手伝っていたのではないかと思う。上野と新橋駅に設置されたのと同時に京橋の街に白の六角錐の電話ボックスが出現し、道行く人の目を奪った（この第一号電話ボックスのあと赤塗りの六角形が主流となり、昭和の初め、灰色の四角形になるまで続いた）。

モダンな電話ボックスから、大した用でもないが、友だちあるいは恋人に電話をかける。それはちょっとしたお洒落な気分を味わえたのではないだろうか。女の長電話にいらいらしながら待っている紳士たちを描いた漫画を見ていると、そんな女性心理が想像されるのだが、穿ちすぎだろうか。

この漫画のタイトルは「女の自働電話」。まだ公衆電話とは呼ばれていない。自働電話から公衆電話に呼び方が改まったのは、大正十四（一九二五）年のこと、京橋分局にダイヤル自動方式が導入されたのを契機に公衆電話と改称されたのである。

この頃から公衆電話は〝庶民の友〟といってもいい位、わたしたちの生活に馴染みの存在になってゆき、戦前には明治末期の二十六倍強の五二二二台をかぞえていた。ところが戦後、わずか六二三台に減ってしまったのである。断わっておくが、勿論この数字は全国の設置台数である。

そこで、逓信省は全国に二万台の公衆電話を五カ年計画で設置することにした。昭和二十二（一九四七）年十二月二十二日付の朝日新聞によれば、翌年三月迄に五〇〇の電話ボックスを新設、その内、東京に一六〇台、各県庁所在地に一〇〇台、その他の主要都市に二四〇台とのことだった。

問題は電話料金だった。戦争により五銭、十銭硬貨が流通不足、おまけに戦後の混乱期で極度のインフレに陥っていたから、五銭、十銭は価値をもたなくなっていた。

考えられたのが五〇銭紙幣を入れてかける紙幣式公衆電話。これは料金を入れて下さいという交換手のことばに「ハイ、入れました」といえばつないでもらえた。利用者の返事を百パーセント信用した、いわば「信用式公衆電話」だった。ひとを信用するのはいいことだが、しかし結果は予想どおり。設置から五年後の昭和二十七（一九五二）年には、料金の回収率が十五％という惨憺たる数字を示した。

この状況を黙視できるはずはなく、電気通信省（昭和二十四年、逓信省が改組）は、商店に公衆電話の取り扱いを委託する委託公衆電話を昭和二十六（一九五一）年に実現させたのである。この時の電話の色が黒。つまり話は冒頭に戻り、赤電話は最初は黒だったとなるのである。この電話はお店の人に声をかけてから利用。料金もお店の人に払うので電気通信省は料金を取りっぱぐれることはないし、利用者もおつりが貰えるし、どっちにも好都合なはずだったが、前で述べたようにこれが思惑外れで、利用者は増えず、設置台数は伸びなかったのである。

利用者が一々店の人に声をかけなければならないのをわずらわしく思ったのか、また店の人がつり銭を渡す手間を面倒に感じたのか、不人気の原因はわからないが、いちばんの原因は電話の色が黒かったので、目立たなかったせいだという。

確かに、今日《こんにち》とは違い街灯の数も少なく、街は今ほどは明るくなかった。町全体がうす暗く、店先に黒い公衆電話が置かれていても目に付きにくい。そこで電話は黒から赤に変えられた。電気通信省が電信電話公社に改組された翌年の昭和二十八（一九五三）年十月のことである。

赤電話は目立つ。人気は一気に高まった。赤電話が設置されているかいないかは、その店のステータスともみなされ、赤電話の申込みが殺到し、電電公社はホクホクだったとか。

赤電話の人気の秘密を歴史探検隊《わたし》なりに分析すれば、設置場所にあるのではないだろうか。薬屋さん、八百屋さん、米屋さん、赤電話の設置はいろいろあったが、何といってもたばこ屋がもっとも多かった。たばこ屋といえば、昔から〝看板娘〟がつきもの。

♪向こう横丁のたばこ屋の
　かわいい看板娘……

と歌謡曲にも歌われているように、店番の娘に恋心を抱き、吸えもしないたばこを買いに毎日通ったとか、はたまた吸いすぎてヘビースモーカーになってしまったといった話も伝え聞く。赤電話にも、似たようなエピソードが秘められてはいないだろうか。必ずしも十七、八の娘でなくても構わない。店番をしている女性に想いを寄せた男性が顔見たさに、毎日のように電話をかけに行く。煙草を買うだけよりはもう少し長く、その人を見ていられるはずだけれども、これも穿ちすぎた想像だろうか。

でも、赤電話の赤は恋の色だと言った人がいる。そういえば、私が中学生のころ、隣のおにいさんが近所の和菓子屋さんまで、毎日のように電話をかけに行っていた。子どものころ、缶蹴りをして遊んでいたのにいつからかよそよそしくなり、気付いたらおにいさんは、高校生で私は中学生。学校のクラブ活動で帰宅が遅くなった日、私は必ずといってよいほど、おにいさんが角《かど》の和菓子屋の赤電話で、嬉しそうに話をしている姿を見かけた。彼の家には電話があった（そのころ我が家はテレビはすでにあったのに、電話はひいてなく、呼出しで使わせてもらっていたから記憶違いということは絶対にない）。あったにもかかわらず、外の赤電話からかけていたのである。

中学生の私は、その姿を二度三度目にするうちにわかってきた。そうなのだ、おにいさんはガールフレンドにかけていたのだ。家族に知られるのが恥ずかしくて、こっそり抜け出してかけに来ていたのだ。六年後に、おにいさんはそのガールフレンドと結婚した。赤電話の赤は、やっぱり恋の色だった。現在《いま》のように携帯電話《ケータイ》で所構わず喋りまくる人たちにはわからない世界である。

ともあれ、公衆電話は黒から赤にかわってぐっと身近なものになった。店先に置く赤電話のほかに街頭用の青電話も登場、どちらも何回か改良とモデルチェンジしているが、昭和三十年十二月に登場した赤電話はその色と形から〝赤ダルマ〟と呼び親しまれた。

昭和三十四（一九五九）年には喫茶店やアパートなどにピンク電話がお目見得（一般加入を公衆電話として使用）、翌昭和三十五年の六月二十七日には全国十万台目の公衆電話が東京池袋の森永ストアに設置された。

さらに十二年後には百円硬貨が使える黄電話が登場し、公衆電話はカラフルになった。だが、この赤・青・黄電話は、平成七（一九九五）年三月、廃止となる。これらはいずれもダイヤル式。押ボタンのプッシュ式公衆電話が登場し（昭和五十年）、テレホンカード（磁気カード式）が主流となった今日《こんにち》、ジーコジーコとダイヤルをまわす赤・青・黄電話がお払い箱になるのは時の流れで仕方がないのかもしれない。

それどころか時代の流れは公衆電話そのものを減らす方向にある。携帯電話の普及と軌を一にして、一九八四年から九七年までの十三年間に全国で十五万八〇〇〇台もの公衆電話が撤去されているのだ。

二十一世紀に果たして公衆電話は存在しているのだろうか。

# ポリバケツ

ポリバケツが消えて、そろそろ四十年になろうとしている。勿論ここでいうポリバケツとは大型の、いわゆるゴミ出し用ポリペールのことである。

ポリペールの登場は、首都東京から始まった。ご存知のように昭和三十九（一九六四）年第十八回オリンピック東京大会が開かれたが、このオリンピックを三年後に控えた開催地東京では、ゴミのない美しい首都の実現をめざしていた。外国からやって来るお客さまに、悪臭をまき散らすゴミの醜態を見せられないと。

しかし当時、東京が一日に出すゴミの量は七千トン。ちょっとやそっとのことでは片付かない。何か妙案はないものか、と関係者は頭を悩ませていた。と、そこに「いい方法がありますよ」とポリペールを持ち込んだ会社があった。ポリペールはアメリカが使用していたギャベージ缶をモデルにしてつくられたポリエチレン製のバケツで、フタが密閉できるようになっていた。

この会社とは積水化学工業である。同社の社史によれば、重役の一人がアメリカ視察に行った折り、ニューヨークの街角で見たゴミ箱にヒントを得て、帰国してから製造させたものだという。これからのゴミ収容器として最高のものだという確信をもって、持ち込んだとのこと。この自信作は実際に東京都清掃局に採用され、昭和三十七（一九六二）年三月、都内全域が容器収集方式に切りかえられることに決まった。

まず〝花の東京〟はど真ン中の銀座にポリペールは登場し、それからオリンピック開催までに一、二級国道沿いのゴミ収集場所には、ブルーのポリバケツがズラリと並ぶこととなった。

（余談だが、それにしてもポリバケツというのはどうしてブルーなのだろう。白やクリーム色など他の色もあるにはあったが、ブルーに席捲されてしまった。資料によれば白などうすい色は汚れが目立つのと、ブルーが水の色を連想させ日本人の好みにあったからだとか。では最近、灰色《グレー》のポリ容器を多く見かけるのは何故？）

あざやかなブルーのポリバケツが並ぶさまは壮観で、外国人客の目に美しく映っただろうか？　私にはそうは思えない。フタで密閉するから、中のゴミは見えない、臭《にお》いもしないという発想は、〝臭いものにフタ〟式の考えに似て姑息なだけではないか。なぜならゴミをつめこみすぎて、ポリペールのフタが持ち上がっているのを、何回も目にしているからだ。それどころか横倒しになって中のゴミが飛び出している光景もしょっちゅう見た。

いくら密閉式といっても、使用者がフタのとめがねをパチンと閉めなければフタはかんたんにあく。ゴミ収集車が去ったあと、強風の日などは空《から》のポリペールが倒れ、フタが散乱している、とても美しいとはいえない光景が東京のあちこちでみられた。

　やがて、ポリ袋と紙袋の使用が許可され、ポリペールで出す者もいればポリ袋も紙袋もいるという、ゴミ収集所は、シッチャカメッチャカの様相となった。高く積み上げられたゴミの山から崩れ落ち、人々が通る足元にまでころがってきたのをよけながら出勤した人、また、夏の暑い日、悪臭に顔をしかめながらゴミ袋の山積みを横目でにらんで通った人も少なくないだろう。

　現在、各地方行政ごとにやり方は違うけれども、むかしよりゴミ捨て場がきれいになりよくなったとはとても思えない。私個人としては紙袋で捨てていた時代がなつかしい。袋ごとそっくり持っていってくれるから、後の手間もかからないし、何よりも中が見えないのがいい。ポリバケツに代わり紙袋がいいのでは、と考え出したのは埼玉県の戸田市だ。昭和四十三（一九六八）年十一月、紙袋の実験収集を開始した。袋の内側は防水加工され、一枚十円で販売されたが、金がかかるとの文句より、便利さ、衛生的であることの方が支持された。

　だが、中が見えないことをいいことに、何でもかんでも袋に入れ、ガラスの破片や刃物まで一緒クタにして捨てる悪い奴も少なくなかった。危険だとの声が収集者の側から強く上がり、ゴミ袋もポリバケツも街角から姿を消していった。環境問題からゴミの分別化もきびしく行われるようになり、今ではゴミの内容によって、ポリ袋も透明のものと半透明のものとの使い分けがなされている。

だが、いまだにゴミの収集日には、ゴミ袋の山で悪臭に鼻を押さえながら、急ぎ足で通りすぎる光景はなくなっていない。

東京オリンピックという一大イベントを開くために、華々しく登場したポリペール。それは決して美しい東京を現出させはしなかったけれど、ポリ袋の山積みをみれば、なぜか懐かしい。あの目に痛いほどあざやかな青《ブルー》のバケツが並んだ光景の方が、まだましだったと。

でも、本当に懐かしいのは、目の仇《かたき》にされ撤去されたゴミ箱である。子どものころ、路地の角、家と家の間の小道の角に必ずあったゴミ箱。私が記憶しているのはコンクリート製だが、木製もあったらしい。木製は勿論、コンクリートのものも木のフタがついていた。箱の前面は一枚板になっていて（ブリキ製のものもあった）、上に引きあげることが出来た（出前の岡持ちと同じけんどん式）。

小学生のころ、このゴミ箱の上にのっては躍び降り、誰がいちばん遠くまで跳べるかを競った。親せきの家に一人で行かされたときは、ゴミ箱が駅から家までの道しるべになった。見覚えのあるゴミ箱が目にとび込んでくるとホッとしたことを覚えている。

資料によればゴミ箱は明治二十（一八八七）年、塵芥《じんかい》取締規則ができて、各戸に一コ置かれるようになったという。私の記憶にある傾斜した上ブタのついたけんどん式のゴミ箱は大正期に定着したそうだ。コールタール塗りの黒いゴミ箱が戦後まであったというが、これは戦時中に空襲をさけて、黒く塗ったものであろうか。

だとすれば、戦禍を見守ったゴミ箱と、オリンピック祭典のために用意されたポリペールと。どちらもゴミ容器でありながら、その運命は対照的である。

# 第二章　昔流行った玩具と遊び

# ベーゴマ

ベーゴマ、めんこ、ビー玉の三つをまとめて〝路地裏文化〟と呼び、子ども文化の典型として論じられることが多い。

それは、かつて子どもたちが路地裏を遊び場とし、ベーゴマやめんこ、ビー玉に夢中になったからであり、それぞれの流行の時期もほぼ一致しているからである。

そしてまた幼少年時代をふり返るとき、ベーゴマだけを語るとか、めんこだけを思い出すということはまず、あり得ない。ベーゴマで敗けた悔しさをめんこで取り返し、うす汚い木箱に宝石より大事にしまっておいた戦利品のビー玉が、一斉によみがえってくるはずなのだ。

たとえば評論家の森本哲郎氏。森本氏にとって遠い日の記憶をあざやかによみがえらせてくれるものは、「机の引き出しの奥に、もう何十年も存在しつづけている薄い水色と、橙色のビー玉である」という。ビー玉を取り出し、机の上で弾くとカチンという音がし、その瞬間、忘れていた子どものころの思い出が浮かび上がってくる、と『青いビー玉』というエッセーで述べている。

「引出しから取り出したビー玉を握って目を閉じると、まっさきに現れたのは、小さな医院の小さな病室である。十日ほど、私はそこに入院して退屈をもてあましていた。……よし、退院したら、まっ先に凧をあげよう。思いっきりベーゴマをやろう、家の周りの板塀によじのぼってやる、隣の犬ジョンと駆け競べだ、自転車を買ってもらおう、夏になったらモチ竿に鳥黐《とりもち》をたっぷり塗ってセミ捕りだ、待てよ、大事なメンコはどこに置いてきたろう……」

丈夫な森本少年が、はからずも風邪か何かで入院する羽目になり、ベッドであれこれと遊びを思いめぐらすのだが、ベーゴマ、めんこ、ビー玉が、そろって登場している。この三つはどれか一つ欠けてもダメな、いわば三点セットなのである。

では、何故三点セットの中から、ここでベーゴマを見出しに取り上げたのか。

それは、ベーゴマがめんこやビー玉と違う特別なもの、大げさに言えば私にとってサンクチュアリだったからである。

残念なことに路地裏文化の中心は少年である、少年たちの喚声を聞きながら、女の子たちは濡れ縁や庭先でおままごとをしたり、着せ替えやおはじきに興じていた。まれに、からかい半分に男の子がままごと遊びに首をつっこんだり、雨の日にお手玉やおはじきをやったりしたことがあるように、女の私が、めんこやビー玉の仲間に加えてもらったことはある。しかし、ベーゴマだけは女人禁制、絶対に女の子を容れなかった。

その荒々しさに、もちろん私たち女の子も入りたいとは思わなかったけれど、ベーゴマに夢中になっている少年たちは、明らかに女の子とは別の存在で、私はまぶしいものを見るように彼らを見ていたのだった。

今、思い返しても、少年たちはキラキラと輝いており、私はためらわず三点セットの中からベーゴマを取り上げたのである。

ベーゴマは、いつ頃から少年の心をとりこにしたのだろう。

資料によれば、大正十五（一九二六）年には、めんこ、ビー玉とともに最盛期を迎えたというが、登場したのはベーゴマがいちばん遅い。紙めんこが出回り始めたのが明治三十一（一八九八）年、その前年ごろからラムネ玉（ラムネの瓶の中ブタに使われているガラス玉）を遊びに使い出し、ビー玉と呼んだ。ベーゴマはそれより十二、三年もあとである。

ベーゴマはバイゴマ（貝独楽《ばいごま》）のなまったもので、バイゴマはバイ貝（巻貝の一種）の殻の中に溶かした鉛やロウを流しこんでつくる。このバイゴマを模した鋳物製のコマが出回ったのが、明治四十三（一九一〇）年ごろなのだ。出遅れたベーゴマだが、今いったように、大正末年には、めんこ、ビー玉と肩を並べて、全国的なブームをまきおこしていたのである。

別の資料には、昭和二（一九二七）年に大流行とあるので、ベーゴマ、めんこ、ビー玉の高い人気が持続していたことがうかがえる。それどころか翌三年には、これらの賭け事あそびが問題となり、是非が論じられたと書かれている。

私の子ども時代にも、何がしかのものを賭けていた少年はいたようだった。しかし、それは少年雑誌の付録だったり、グリコのおまけだったりとほほ笑ましいもので、問題になるほど大がかりな賭け事は行なわれていなかったと思う。

ベーゴマもめんこも、そしてビー玉も、遊びのルールは同じだ。競い合って勝った者が負けたものから没収する。ポケットというポケットをベーゴマでふくらませ、肩で風を切って歩いていた子もいれば、すっかりなくしてしまう子もいたから、ギャンブル性が無くはなかった。

戦利品であるベーゴマやめんこは、少年の誇りであり宝物だった。空き缶や空き箱に入れて、誰にも知られない場所に隠している子もいた。私を半ば脅してセミ捕りにつき合わせた男の子は、済まないと思ったのか、帰りに自宅裏から大きな缶カラを大事そうに持って来て、中を見せてくれたことがある。そこにはベーゴマがギッシリ詰まっていた。

「いまでも鮮やかに憶えているのは、わたしが〝豪〟と呼んで秘蔵していたベーゴマのことである。めったに負けたことのないコマに、豪傑という意味で名づけ、宝箱にしまっておいた。壊れたオルゴールの木箱がわたしの宝箱で、店の縁の下に隠しておき、気心を許した友だちでないと見せない。ゼンマイの切れた懐中時計だの、自転車のチェーンだの、鞍馬天狗や東郷元帥のメンコだのにまじって、そのベーゴマは宝箱の常住者だった。あの宝箱はどうなったのか、不思議に思い出せない。あんなに大事にしていたのに――」

これは、昭和七（一九三二）年生まれの鈴木昶《あきら》氏の少年時代の思い出である。（『路地裏の唄』青蛙房）

私の子どもの頃は昭和三十年代初め、鈴木氏は恐らく昭和十五、六年ごろで、先の森本氏が昭和十年前後の思い出だと考えられる。大正十五年にピークに達したといわれてから森本氏、鈴木氏、私の世代と実に三十年も、ベーゴマ、めんこ、ビー玉の人気は衰えず少年たちの宝物であり続けたのである。

だが、それからあとの十年、二十年はどうだっただろうか。ハッキリいって、路地裏文化の受難の時代だった。度々ギャンブル性と危険性が指摘され、禁止の声が上がった。ベーゴマは鉄製だから、コマとコマが激しくぶつかると火花が散る。ヘタすれば火傷を負いかねない。

また、進学熱が高まり学習塾に通う子どもが増え、外で遊ぶ子の姿が見られなくなっていった。内に閉じこもる子らの間でブームとなったのは、プラモデルや野球盤、レゴ（ブロック玩具）、オセロゲームにルービックキューブ、スーパーカー（ミニカー）等々であった。昭和五十三（一九七八）年の子どもの目に、東京の幼稚園から小学三年生までを対象に行った「戸外遊び」についての調査では、ビー玉、石けり、チャンバラなどは全く人気なし、めんこ、ベーゴマに至っては名前すら上がらなかったのである。

子どもの遊び場だった路地が東京の街からなくなったとき、必然的に路地裏文化も消滅したという嘆きのなか、一人敢然とベーゴマの灯を守りつづけている人がいる。マスコミで取り上げられたこともあるから、知っている方もあるだろうが、埼玉県川口市で鋳物工場を営む辻井五郎氏、その人だ。

日本が経済発展をとげ、黄金の'60年代に突入してゆくなか、鉄鋼業界は不況にみまわれ、いわゆる〝鉄冷え〟の時代に入っていった。鉄工所は次々と倒産、反対や禁止よりも何よりも、ベーゴマをつくるところがなくなってしまったのである。

そこでベーゴマづくりに立ち上がったのが辻井氏。力道山や長嶋茂雄などヒーローの名が刻まれたベーゴマの黄金期を知っているだけに、ベーゴマの凋落ぶりには胸を痛めていたのだ。

現在、日本全国ここだけというベーゴマ製造所でもある辻井さんの工場は、ベーゴマの最後のとりでである。年間売上げ百万、利益が十万、採算なんてとれないですよ、と笑う辻井さんは、ただ製造するだけでなく、全国で開催されるイベントにも積極的に出席しベーゴマの遊び方を指導しているそうだ。

茨城県のある幼稚園では、園児にベーゴマを教え、親子で楽しく遊んでいるという。この幼稚園や辻井氏に、拍手をおくりたいがしかし、大人に教えられて遊ぶ〝子どもの遊び〟とはいったい……という疑問もわいてくる。やはり、路地裏文化は消えたのである。

ベーゴマ
ベーゴマ、めんこ、ビー玉。ぼくらの三大ゲームだ。

# 日月《じつげつ》ボール

大正末期から昭和の戦前まで、日月ボールという子ども用玩具が流行った。先端に行くほど細くなってゆく約十五センチの棒の⅓の所に鼓の形をした木がはめこまれ、その棒には紐で木の球が結びつけてある。この木球には穴があいていて、遊び方は紐を振って反動をつけ、この穴を棒の先端にうまく突き刺せばいい。また、棒を横に寝かせて鼓形の皿状の所にのせたりもする。

何だかややこしい説明だが、待てよ、これ剣（拳）玉と同じじゃないか、と思った方、正解である。

一時、子どもの遊びとしては姿を消した拳玉だが、昭和四十五（一九七〇）年ごろ見直され、今も一部で熱狂的なファンによって大会が開かれ、チャンピオンを決めているそうだ。だが、路地裏や校庭の隅で、拳玉に興じる子どもの姿を見ることは、まず無い。子どもの遊びとしては、過去のものという観は否めない。

私が子どものころ（昭和三十年代）も、拳玉は、それほど人気があったわけではなかった。けれど、駄菓子屋（減りつつあったが、まだあった）や玩具屋に必ず置いてあったし、クラスの何人かは常に携帯していた。そして一、二年に一回、小ブームが起こって、拳玉に夢中になったものである。

そんなブームのときだったのだろう、学校から帰った私が縁側で拳玉をもてあそんでいると、母が声をかけた。

「下手だねえ、どれ貸してごらん」

私から拳玉を取り上げると目の前で、ヒョイヒョイと実にあざやかな手付きで、拳玉の技を披露したのだ。うちは私と妹と二人姉妹で、男の子はいない。拳玉などなかったし、ましてや母が拳玉をする姿など一度も見たことがなかったから、私はおどろいて、感嘆の声をあげることさえ忘れていた。

このときである。私が「日月ボール」という名を聞いたのは。

大正生まれの母は、日月ボールの流行期に子ども時代をおくった。拳玉は基本的には男の子の遊びだが、男の子《わらし》にまじって母も遊んだのだろう。日月ボールの流行は、東北の田舎町の女の子も夢中になったほど、全国的な広がりをみせたのだ。それにしても三十年近くたっても、子どものときと同じようにあざやかに拳玉を操った母は、大勢の腕白坊主も顔負けの腕前だったにちがいない。

日月ボールの名で拳玉が大流行したのは大正から昭和（戦前）にかけてだが、それ以前も拳玉は子どもたちの間で興じられていた。拳玉は江戸中期に中国から渡来したといわれ、安永六（一七七七）年ごろには鹿角製のものが作られ酒席で座興に使われていたそうだ。つまり拳玉は初めは大人の遊びだったのである。それが明治時代になると木製の子ども用玩具になったのだが、その形は現在の拳玉とは趣きを異にしていた。野球のバットにふくらみを二つもたせたような、あるいは、ひょうたんを細長くしたような形で、ふくらみとふくらみの間の凹んだところにヒモがまきつけられ、そのヒモに木球がとりつけられていた。鼓形の球受けはついていなかったのである。木球を先端に入れるか、反対側の尻の部分にのせるかのどちらかで、今のより単純だった。

最初は、箱根などで、温泉みやげとして売られていたというが、明治四十（一九〇七）年ごろから次第に、子どもの遊びとして拳玉は広まっていった。

大正時代に入ると、拳玉に大きな変化があらわれた。棒の⅓くらいのところに、鼓形をした木がはめこまれたのだ。鼓のポンと叩いて音を出す部分に当たる皿状のところに木玉をうまくのせるという、より高度な技が要求される玩具になった。しかも左右の皿の大きさが違った。大きい皿にはのせられても、もう一方の小さな皿にはうまくのらない。先端の尖ったところ、尻の受け皿、左右の皿と次々に木球をのせていくには、これまでにないテクニックが必要で、拳玉は一気に複雑な遊具になったのである。

だが、複雑化したことがかえってやる気に火をつけた。子どもたちは「エノケン」「フリケン」といった技を編み出し、ハイテクを競ったのである。さらに子どもたちを驚かせたのが、拳玉の色であった。木球がまるで太陽のごとくまっ赤に塗られていたのだ。棒の部分は生地のままのもの、白く塗られたもの、黄色いものとさまざまだったが、木球だけは必ず赤く塗ってあった。

こうして一大変身を遂げた拳玉が日月《じつげつ》ボールの名で売り出されると、たちまち大流行したのである。一時的な人気だからこそ、流行、ブームというのだが、しかし日月ボールの人気はそう簡単には終わらなかった。昭和二（一九二七）年ごろが、流行のピークで各地で全国大会が開かれたというが、その後も、根強い人気を保ちつづけた。

今、資料の写真を見ると、日月ボールの形が微妙に変化していて興味深い。鼓の形がほぼ左右対称のものから極端に大きさが違うものまで、また棒の部分が先端に向かってスーッと細くなっているものや、エンタシスのようなふくらみをもっているもの、もっと太く日本酒のビンのような形のもの、というふうに、その時代によって違っているのだ。まさに日月ボールの息の長さを物語っている。

戦後、多くのものが復興したが、日月ボールは以前ほどの人気を取り戻せなかった。昭和四十三（一九六八）年、幼児向けのプラスチック製の拳玉が売り出され、昭和四十五（一九七〇）年にはデパートが玩具売場にリバイバル玩具コーナーを設け、竹馬、拳玉、凧などを並べて賑わったが、それは子どもが喜ぶというよりは、大人が懐かしさにひかれて買い求めたというものだった。

今も拳玉は買おうと思えば手に入るが、嬉々として拳玉に興じる子どもの姿を見つけ出すことは難しい。

# 家族合《かぞくあ》わせ

「○○さんちのお父さんを下さい」
「△△さんちのお姉さんが欲しい」
と、自分が○○家や△△家の一員になりきって、家族全員を早く揃えたものが勝ち、これが家族合わせという遊びだった。

一家族五人という構成で、一家の主人であるお父さんには、その職業に因んだ名前がつけられていた。警官なら民家守《たみやまもる》、職業軍人は国尾衛《くにおまもる》、洗濯屋さんだったら荒井白《あらいしろし》といった具合。語呂合わせの妙が、いかにも子供騙しで今思えばおかしいが、遊び方も到って単純。一家族五人で十家族、五十枚の札をカルタの要領で配り分け、冒頭に記したように、自分が集めたいと思う家族の欠員カードを「ください」というのだ。但し、「ください」という相手は、自分で指名する。A子ちゃんが持っていそうだとか、B君の手中にあるとか、当たりをつけるのだ。この勘だけでゲームを進めてゆく。せいぜい四、五人のメンバーでやる遊びだから、十五分もやっていれば誰かが上がった。

駆け引きの余地もなく、役が付くわけでもないから博奕性にも欠け、腕の振るいようのないゲームだった。

今思えば、何が面白いの、というこの家族合わせ、私は好きだった。それは、このゲームに父が参加してくれたからだ。私は妹と二人姉妹。これが男の子だったら父はキャッチボールや凧揚げなど、相手をしたのだろうが、おままごとや着せかえの遊び相手にはなってくれるはずもない。

しかし、お正月だけは例外で、百人一首の読み手をつとめたり、羽根付きをしたり、家族合わせに興じてくれたのである。

ふだん父が子どもと遊ばなかったのは、二人とも娘だったせいばかりではない。戦後の復興期から高度経済成長期を生きた男の一人であり、帰宅の早いことは滅多になく、子どもの寝顔を見ることの方が多かった。

そうした父が一年分の埋め合わせをするのに、お正月の家族合わせは恰好のゲームだったといえるかもしれない。厳格な父がい、やさしい母がいる。甘い甘いおばあちゃんのいる家もあれば、いとこが下宿しているという設定もあった。家族合わせの家族はいずれも仲良く、幸せな家庭の雛型《モデル》であり、家庭内暴力とか家族の崩壊が社会問題となる以前の、単純だが楽しきゲームであった。

家族合わせが創案されたのは明治時代だという。明治三十七（一九〇四）年に出回り、昭和前期（一九三〇年代）には全国各地で遊ばれていた。戦後、衰退したと資料にはあるが、日本中が生きること、食べることに必死だった時代、こんなのどかな遊びは向いていなかったということだろうか。

私の記憶では、家族合わせで遊んだのは昭和二十八、九年から三十年ごろ。少し世の中が落ち着いて、こんなゲームも付録につけたらよいと考えたのだろうか、私が家族合わせを入手したのは、決まって雑誌の付録だった。

# うつし絵

子どものころ、絵が大好きで大きくなったら画家になりたいと思っていた。画家といっても純粋絵画ではなく挿絵《さしえ》画家。今ふうにいえばイラストレーターである。

小学校の同級生のお母さんが美術の先生をしていて、私のいたずら書きといってもいい絵を見て「将来、画家になるといい、小説の挿絵なんかを画く人に……」と言ってくれた。画家になる夢を誰にも語っていなかったのにこう言われて大いに気をよくし、少女雑誌の中から好きな画家の挿絵をそっくり真似したり、親が読んでいた雑誌（オール讀物や小説現代だった）の岩田専太郎の美人画にうっとり見入ったりしていた。

そんなふうだったから、少女雑誌を買うときは迷った。当時、『少女ブック』と『少女クラブ』の二誌が人気を競っていて、私の場合どっちを買うかという判断は、連載小説でも漫画でもなく、好きな画家の挿絵がのっている方、きれいな絵の付録がついている方はどっちか、であった。

子どちらも、第一、第二、第三付録と銘打って着せかえや栞《しおり》、レターセットなど女の子が欲しがるようなものがついていて、付録につられて買う子は多かった。私が誘惑に勝てず、ついつい買ってしまったのが、うつし絵だった。それは、今思えば下品といっていいくらいカラフルな紙の印刷物で、それを手にした日は一日中ワクワクして落ち着かなかった。

それからが大変だ。帳面（ノートというより帳面ということの方が多かった）の表紙やセルロイドの下敷や筆箱のフタ、その他自分のお気に入りの色々なものにこすりつけ、絵をうつしていった。教科書の表紙にまでうつして、先生に注意された記憶もある。

うつし絵のあそびかたは至って簡単。一枚の台紙に、花や鳥、人物、乗り物等々、じつにさまざまなものが印刷されていて、自分の好きな絵を切り取り、うつしたいと思うものに裏返しにして貼る。貼るとき糊《のり》は要らない。絵の表面を水で塗らし、貼りつければいいのだ。貼ったら、その上から唾液《つば》をつけて指の腹でていねいにこすってゆくと、印刷されていた絵柄がそっくり転写されるから、紙を静かにはぎ取れば完了、である。

唯一のコツは、こするとき力を入れすぎないこと。台紙の薄紙が破れてしまい、肝腎の絵柄もメチャメチャになる。また、あせって早目に薄紙をはがすと、転写できない部分が残る。自分のお気に入りの絵柄が失敗したときの口惜しさといったらない。振袖が片一方だけしかないお姫さまや、藤の花も笠もかぶっていない藤娘が出来上がってしまうのだ。

うつし絵は女の子の遊びと決まっていたわけではない。男の子には男の子向けの絵柄があり、雨天で外に出られない昼休みなどに五、六人集まってワイワイ言いながら、うつし絵をやっていた。男の子の場合は、腕や手の甲にうつし、刺青《タトウ》のような遊び方をすることが多く、強そうな絵柄を二の腕にうつして得意気に見せびらかしていた。

うつし絵は、駄菓子屋、文房具屋などでも買えた。おもちゃ屋にも置いてあったように記憶する。雑誌の付録につくようになったのは戦後のことらしい。最初のブームは昭和十一（一九三六）年で、二枚入りが約三十銭で売られた。二十銭あれば大福餅が十二個買え、コーヒー一杯が十五銭で飲めたという時代に、安いおもちゃとはいえない気がするが、よく売れたという。日本神話やイソップ物語、人形の絵柄などいろいろあったが、映画や松竹少女歌劇のスターに人気が集中したそうだ。

うつし絵の歴史は古く、江戸時代にまで遡る。江戸末期に刺青《いれずみ》を模したものが木版刷りでつくられていたが、明治末期になると模様印刷を陶磁器に転写する技術を応用して作られるようになって、うつし絵の絵柄がグンと増えた。

少女時代を脱した私は、いつしかうつし絵に興味を失い、その存在も忘れてしまったが、昭和三十（一九五五）年ごろからはビニール製のシール状のものが売り出されたという。まんがやテレビ番組の主人公のシールが喜ばれているそうだが、私の中でうつし絵は昔懐かしい玩具、楽しく遊んだおもちゃ、の一つである。

# 卓上《たくじょう》ピアノ

今年（平成十一年）の春、卓上ピアノの最後のメーカーが倒産、という新聞記事を目にした。小さな記事だったが、記事から受けた感慨は小さなものではなかった。

社会的にある程度の成功を収め、マイホームを手に入れた男性が、しばしば次のように言うのを聞いたことがある。

「僕ネ、夢だったんですよ。将来、家を建てたら絶対ピアノを買うって。娘にピアノを習わせて、娘が弾くピアノをソファに腰をおろして聴くっていうの、いいなァ……って」

この夢が、今も普遍性をもっているかどうか知らないが、長い間、ピアノが一つのステータスを示すものとして、憧れの的であったことは確かである。ある者は、ピアノの美しい音色に惹《ひ》かれて、またある者は威厳のある風格に魅《み》せられて、あるいはピアノのあるリッチで幸せそうな家庭を夢みて、将来、一国一城の主になったときには、必ずピアノを買おうと心に決めたに違いない。

子ども心にも、ピアノというのは特別なものだった。とくに女の子は、ピアノかバレエのどちらかを習いたいと切実に願ったものである。

そして玩具売場。男の子がバスや飛行機のおもちゃの前から離れないように、女の子はきれいなドレスの人形や卓上ピアノの前で動かなかった。月謝や発表会の費用を考えると、習わせるのは躊躇する親も、卓上ピアノなら音感教育にもなると、ためらわずに買い与えたものである。

私も母に「買って」とねだった記憶がある。遠い記憶なので、いきさつはハッキリしないのだが、ある日卓上ピアノではなく鉄琴を買ってもらった。デパートに母と一緒に行ったものか、親類からいただいたものか。卓上ピアノが何故、鉄琴に化けたのか、飲みこめぬまま、私は鉄琴を叩き、甲高い音を響かせた。

こうして私の場合卓上ピアノは夢で終わったが、戦前戦後を通じて、卓上ピアノは花形であった。

卓上ピアノは、名古屋の特産品である。名古屋名物といえば、ういろう、みそカツ、きしめん等々、食べ物が思いうかぶが、卓上ピアノは、それらを上回る名古屋の特産品なのだ。

もともと名古屋は大正琴の発祥地として知られる。大正の初め名古屋在住の月琴奏者・川口音海（森田伍郎）が二弦琴にピアノの鍵盤装置を応用した大正琴を考え出した。以来名古屋は大正琴を生産してきたが、大正十三（一九二四）年に帯状の鉄板をキイで叩く木製の玩具を売り出した。大正琴にヒントを得てつくられた子供用のこの楽器は、チンチンピアノと呼ばれた。これが、卓上ピアノの前身である。

その後、チンチンピアノには改良が加えられ、昭和四（一九二九）年にはピアノ線を使った卓上ピアノが登場したのである。これが大当たり。翌年からは海外への輸出も始まり、名古屋は楽器玩具メーカーの中心地となった。戦後の復興も著しく、卓上ピアノは輸出品の花形として脚光を浴びた。

しかし、昭和五十年代から陰りが見え始め、二十数社あったメーカーが少しずつ消えていった。日本は豊かになって本物志向が生まれ、高嶺の花だったピアノが買えるようになったことと、電子オルガンの登場がおもちゃのピアノへの関心を失わせたからだ。

そして、平成十一（一九九九）年三月、卓上ピアノをつくっていた最後のメーカーが自己破産を申請と新聞が報じ、見出しの「〝卓上ピアノ〟もう弾けず」にほろ苦い淋しさを覚えたのである。

# チャンバラごっこ

近年ひそかに流行《はや》っているものがある。「スポーツ　チャンバラ」というものだ。昭和四十六（一九七一）年ごろ、横浜で誕生したそうだが、今では競技人口が全国に十六万人もいるという（一九九九年十二月現在）。

刀はプラスチックの芯にウレタンを巻いたもので、長さはいちばん短い六〇センチのものから数種類あるが、剣道のように小難しいルールはなく、ボカボカ殴り合えばいいので、男性だけでなく、女性の人気も得ているとか。単純明快さが、スカーッとストレスを解消してくれるのも、人気の秘密らしい。

もともとチャンバラというものは、男の子の遊びで特別なものではなかった。棒切れだろうが物差しだろうが、そこら辺にある長い物を手に、ワーッと追いかけ回したり、「寄らば斬るぞ」などと打ち合っていたものだ。

とにかく、男の子というものは走り回っていた。追いかけたり追われたり、相手をつかまえると四つに組んで相撲をとるか、斬り合った。手に何も持っていなくても、「イヤーッ！」だの「オーッ」だのかけ声を出して、あたかも刀があるように斬り結んでいた。

誰でもやっていたから、流行りといえば流行りといえるが、チャンバラは子どもの遊びの定番で、極めて日常的な光景の一つだったのだ。

チャンバラが子どもの遊びとして大ブレークしたのは、昭和三（一九二八）年のことで、チャンバラ映画の全盛期と一致する。大正末期、すでに〝阪妻〟こと阪東妻三郎や市川右太衛門といったスターが出現していたが、昭和二（一九二七）年三月、大河内伝次郎主演の『忠次旅日記　第一部　甲州殺陣篇』が封切られると、これが大変な評判をよんだ。八月に『第二部　信州血笑篇』が、十二月には『第三部　御用篇』が上映され、それぞれ「キネマ旬報ベストテン」の第一位と第四位に選ばれ、大河内伝次郎はこの三部作で、時代劇スターの地位を確立した。

同年は、三月に弱冠十九歳の林長二郎（のちの長谷川一夫）が『稚児の剣法』で銀幕デビューし、その水もしたたる美剣士姿で日本中の女性をとりこにした。

だが何といってもチャンバラ映画の人気を不動のものにした決定的な作品こそ、アラカンの『鞍馬天狗』であろう。

昭和二（一九二七）年四月二十九日、『角兵衛獅子』が封切られた。これは大仏次郎の小説を映画化したもので、アラカンの『鞍馬天狗』シリーズの、事実上の第一作にあたる。原作が『少年倶楽部』に連載していたこともあって、大人だけでなく、子どもたちにもワーッという人気になったのである。

この大ヒットにより、アラカンは所属していたマキノキネマ（牧野省三のプロダクション）から独立。芸名も嵐長三郎から嵐寛寿郎に変えてアラカン・プロを設立し、『鞍馬天狗』を製作。昭和三（一九二八）年七月十二日に封切りされるや、前回にも増して、高い人気を呼んだ。アラカンの持ち味は、迫力のある立ち回りで、少年たちを魅了、巷にチビッ子鞍馬天狗が出没することになったのである。

チャンバラごっこの流行に、おもちゃ業界も指をくわえて見ているはずがない。チョンマゲのかつらや、刀が売り出された。刀の柄《え》こそセルロイド製やボール紙を巻いたものだったが、刀身は鉄製だったというから、「スポーツ　チャンバラ」の刀よりずっと危ない玩具だった。

それでも、男の子は元気に刀を振り回して遊んでいたのだ。大人が案ずるほどには危険ではないというか、むかしの子どもは手加減ということを、遊びを通して学んでいたのかもしれない。

アラカンの『鞍馬天狗』によって、火がついたチャンバラごっこのブームは、その後も消えて失くなるということはなく、男の子の遊びの一つとして定着していった。

小学五、六年生を対象にした「映画スター双六」（昭和二十四年）を見ると、阪妻に大河内伝次郎、アラカンに片岡千恵蔵といった時代劇スターが半分以上描かれており、戦後もチャンバラ人気がつづいていたことがわかる。

そして、昭和三十（一九五五）年、再びチャンバラブームが起こった。この年、ＧＨ

Qによるチャンバラ映画の規制が取り除かれたからである。戦後すぐ、GHQは「チャンバラ映画は軍国主義的である」として、二三六本の映画を上映禁止にし、規制を設けた。それが、『王将』（昭和二十三年）、『破れ太鼓』（昭和二十四年）、『羅生門』（昭和二十五年）、『雨月物語』（昭和二十八年）、『七人の侍』（昭和二十九年）といった名作を産むことにもなったといえるのだが、チャンチャンバラバラチャンバラリ……という庶民の最たる娯楽映画は十年間もつくられなかった。

昭和三十年に、この箍《たが》が外れると『鞍馬天狗』などのチャンバラ映画が次々に公開された。少年誌もチャンバラは花盛りで、奇しくも前年八月より『少年画報』に『赤胴鈴之助』が連載を開始しており、ふたたび巷に少年剣士が駆け回ったのである。

いったい、あの少年たちはどこへ行ってしまったのか、と嘆くのは今さらめくのでいわないが、もう二度とチャンバラブームはおこらないだろうと思うと、やはり寂しい。

因みに、チャンバラというのは、チャンチャンバラバラという擬音語《オノマトペ》の略である。刀と刀がぶつかり合う音、白刃を斬りつけ合うときの音や状態を表すことばで、映画の殺陣、立ち回りシーン（剣劇）をいうようになったものである。蛇足とは思うが、チャンバラということばも死語となり、消えてゆくだろうから、記しておく。

## カバヤ児童文庫《じどうぶんこ》

キャラメルのおまけといえば、グリコのおまけが第一に言われる。

昭和から平成に時代が移り、昭和をふり返る特集がテレビでもひんぱんに放送されるようになると、グリコのおまけは必ずといってよいほど登場した。

今、二十一世紀を目前にして、またもテレビ、出版物が二十世紀を回顧しているが、グリコのおまけは、他のおまけと比べ群を抜いている。グリコは、戦前から現在までずうっと続いているおまけの老舗中の老舗だから、当然といえば当然である。戦前のおまけは、時代を反映してメダルや勲章、軍艦、軍刀といったものが見られる。昭和十一（一九三六）年に開催のベルリンオリンピックを記念したワッペンなどもあり、歴史を感じさせる。

グリコは景品も出しており、引換券を十五枚集めて台紙に貼って送ると紙芝居などが貰えたし、日時計や磁石、軍艦などもあった。おまけの豆玩具《ミニチュア》とは違い、本格的で重厚味もあるが、グリコの本領は何といっても豆玩具であろう。ミニチュアの小さな小さな世界に、日本中の子どものそれぞれの幼少年時代の思い出がつまっているようで、郷愁を誘う。

だが、私にはグリコのおまけ以上に懐かしいものがある。それはカバヤ児童文庫である。

戦後、キャラメルやチョコレート、ガムなどに景品やおまけをつけるのが流行ったが、カバヤキャラメルでは、児童文庫を昭和二十七（一九五二）年八月に創刊した。一個十円のカバヤキャラメルの箱の中にはカードが入っていて、「カ・バ・ヤ・文・庫」の五文字のカードを揃えると、世界の名作物語一冊と交換できた。あしながおじさん、イワンのばか、謎の鉄仮面、三銃士、ロビンフッド、狼少年（ジャングルブック）、魔法のランプ等々、何しろ昭和二十九（一九五四）年までの二年間に一五九点が刊行されたから、カバヤ児童文庫で、殆どの世界名作を読むことが出来た（週一回のペースで刊行され、総発行部数は二五〇〇万冊をかぞえるという）。

このカバヤ文庫に夢中になった私だが、私が集めたのではない。小学生のとき、同級生のお兄ちゃんが熱心に集めたもので押入れの中にズラリと児童文庫がそろっていた。私はその児童文庫につられて、同級生の家によく遊びに行った。「遊びましょ」と訪ねて行きながら、押入れの前に陣取ってずうっと本を読んでいたから、終《しま》いには同級生に嫌な顔をされた。

その頃はもうカバヤ児童文庫の刊行が終わっていたと思うが、押入れに大切にしまっていた本を、妹の同級生に黙って見せてくれたお兄ちゃんに「感謝」である。このカバヤ文庫、今でも全部もっていたら、蒐集家《マニア》の垂涎《すいぜん》の的だろうと思う。

おまけはつかなかったが、私が好きだったのがフルヤのウィンターキャラメルと紅梅ミルクキャラメル。昭和二十六（一九五一）年に発売された紅梅キャラメルは野球用具が当たるカードが入っていて、発売と同時に大ヒットしたという。だが、野球に興味のなかった私の記憶の底にあるのは、ほのかなミルクの香りのするうすら甘い味だけである。

# ミルク飲み人形

平成十一年の秋から始まったＴＯＹＯＴＡの新しいＴＶコマーシャルを見て、思わず「プッ」と吹き出してしまった。

アメリカ人（多分）の男性が赤ちゃんを膝に抱き、ミルクを呑ませるシーンが画面に映る。と、赤ちゃんがピュッと勢いよくおしっこをする。おどろいた男性（お父さんという設定か?）の手が止まるが、再び哺乳瓶を口にふくませる。とまたピュッとおしっこが飛び出る。これが三度、四度と繰り返されるコマーシャルが、なぜ自動車《くるま》の宣伝になり得るのかはさておき、この単純な仕掛け――上から入れたものを下から出す――のバカバカしさに、思わず、私は笑ってしまったのだ。その笑いの中には「今さらそれはないよ」という気持ちと、懐かしいものを思い出させてくれたという気持ちがまじっていた。

このコマーシャルに「今さら」と思い、懐かしく感じたのは、私の頭の中にミルク飲み人形があったからに他ならない。

ミルク飲み人形が発売されたのは、昭和二十九（一九五四）年のことである。もともとアメリカ製だったが、この年に軟質ビニール製の国産ミルク飲み人形が売り出されると、たちまち少女の人気を得、ヒット商品となった。軟らかい肌ざわりが赤ちゃんのそれらしさを感じさせたのと、哺乳瓶を口に含ませると実際に水が吸いこまれてゆき、あてがっておいたおしめをぬらすというリアルさが人気の因《もと》だった。

女性は生まれつき母性本能をもって生まれてくると信じられ、女の子に最初に与えられる玩具が人形といってよく、事実女の子は人形を抱いたりあやしたりして遊んだものだった。だが、もっともらしく人形の口に食べ物を運んでも、所詮それは真似事でしかない。ところが、ここに登場したミルク飲み人形は人間そっくりの肌色で、実際にミルク（水）を飲み、おしっこまでするのである。女の子が夢中になっても不思議はなかった。それまでは、ママー人形が女の子たちの憧れだった。いったん横にした人形を起き上がらせると、人形が「ママー」と泣くのだ。「おお、よしよし」と女の子は、お母さんぶりを発揮することが出来る。だが、それだってミルク飲み人形のリアルさに比べたら、何とよそよそしいことか。「ママー」と泣く以外は、きれいな着物を着て澄ましている日本人形とさして変わらない。

それに引きかえ身長三十センチのミルク飲み人形は、紙おむつ、おしめカバー、ベビー服二枚、スリップ、ズロース、フードにハンガー付き。日本中の女の子がおしめを取り替え、服を着替えさせられるミルク飲み人形のとりこになったのも当然だった。

「買って、買って」と多くの女の子が親にねだったことだろう。ミルク飲み人形はこの年もっとも売れた玩具となった。

それから三年後の昭和三十二（一九五七）年ミルク飲み人形のお姉さん格のカール人形が売り出された。赤ちゃんの顔から少しおしゃまな女の子の顔になり、合成繊維のゆたかな髪が肩まで波打っているカール人形は、髪を洗ったり梳《と》かしたりし、おさげ髪から巻き毛《カール》までヘアスタイルが自由自在にできるというのが売りだった。価格は八百〜三千円で、ミルク飲み人形につづくヒット商品になった。

だが、人形史上、最大のヒット商品は言うまでもないリカちゃん人形だろう。昭和四十二（一九六七）年七月四日、玩具メーカーのタカラから発売され、この年だけで、つまり半年間に四十八万体も売れたという。

リカちゃん人形は、その後、何回かモデルチェンジをして現在に至っている。眉の形、目の大きさ、髪の色とヘアスタイルなどが少しずつ変わってきており、マニアの間で「このまつ毛の描き方は何年ごろのリカちゃん人形だ」と騒がしく、初期のリカちゃんには高値がついているそうだ。

子育てに明け暮れていた頃、娘にせがまれてリカちゃん人形を買い与えたが、今まで取っておけば、いくらの値がついたのだろうかとよこしまな考えが頭をかすめるこの頃である。

## 三角乗《さんかくの》り

原っぱでやる〝三角〟のついた遊びは何？　と謎々めいた質問をすれば、ほとんどの人が三角ベースと答えるにちがいない。

少年たちは、原っぱは勿論、ちょっとした空き地を見つけては三角ベースをやっていた。だんだん空き地がなくなってきて、しまいには路地で無理矢理やっていた。

球がよその庭に飛びこむのは当たり前。真夏、開け放たれた窓や戸口から家の中にボールが飛びこみ、腕白坊主どもがペコペコ頭を下げながら、ボールを返して貰っていた姿が目にうかぶ。

野球といえば、飛球が窓ガラスに当たって、ガラガラガチャーンという音と、「こらぁっ!!」という怒声が喧伝されているが、私の記憶にはこのシーンはない。ボールが窓ガラスに当たることは意外に少なく、庭や座敷に入り込むことの方が多かったようだ。

うちにも飛び込んできた。母が古いセーターをほどいている手伝いをしていたときで、黒く汚れたボールがセーターに当たったが、母は文句もいわず、ニコニコ笑いながら坊主どもに球を投げ返した。

今は、野球であれ、サッカーであれ、やる子はやる、やらない子は全くやらないといったふうであり、やる子はそれぞれチームに入ってプロを目指すような御時勢だから、少年たちの屈託のない笑顔と喚声は聞かれない。

母からボールをうけ取って、ワーッと叫びながら走って行った少年たちの姿が懐かしくよみがえるが、これだけが私の三角ベースの思い出。女の子は三角ベースに参加できなかったからだ。

男の子と一緒になって夢中になったのが自転車乗りである。

近所に広い原っぱがあり、学校がひけるとランドセルを放り出して、そこに駆けつけた。そこにはもう数人の子どもが集まっていて、自転車を乗り回していた。校庭の広さぐらいある空き地で、凸凹しているし、草がボーボーに生えていたが、そんなことにはお構いなく、自転車を乗り回した。

自転車は大人用。いわゆる実用車といわれるものだ。戦後、十年以上たっており、子供用も販売されてはいた。通産省が自転車を実用車・軽量車・子供車・特殊車に分類したのが昭和三十二（一九五七）年のことで、自転車の生産はかなり上がっていた筈なのだが、私の周りで子供用自転車を持っているものは、一人、二人を数える程だった。第一、子供用が欲しいなどと言う子はいなかったように思う。サドルに座って、ペダルまで足がようやく届くか届かないかという小さな子まで、大人用の実用車に乗っていた。

子どもが大きな自転車に乗る場合の乗り方が三角乗りである。自転車の基本的な構造がダイヤモンド形フレームと呼ばれる三角形。ペダルに足がつかない子どもは、サドルに腰をかけず、この三角形の空間から向こう側のペダルに足をのばし、体が傾いたまま左右のペダルをこいだ。凸凹道も坂道も、サーカスの一輪車乗りのピエロのように、実に巧みに乗り回したものである。

私も小柄だったからペダルに足が届かず、自転車に乗りたかったら、この三角乗りをマスターしなければならない。学校から帰ると毎日のように原っぱに駆けつけ、汗を流したが、結局、ついに乗れるようにはならなかった。

原っぱには、自分の家から自転車をもってくる子どもと、貸自転車を借りてくる子がいた。家に自転車があっても、当時自転車は文字通り実用車で、仕事（商売）につかうからダメだといわれる子も多かったのだ。

とはいえ、貸自転車は十五分単位で料金を支払わなければならない。三十分でいくらだったか、もう覚えていないが、子どものこづかいで毎日借りることはムリだった。だから自転車持参の子に取り入って、順番で乗せてもらったのだが、所有者の気分次第で、十分も乗らないうちに返せ、といわれてしまう。コツをつかんだ、と思うと返さなければならず、私はとうとう自転車に乗れないまま、大人になってしまった。

もっとも、乗れるようになる子は、たった一、二回で上手になったから、私がドン臭かったのだろう。

そんな私も、母親になると子どもを後ろに乗せて、さっそうとペダルを踏み、スーパーに買い物に行った。人並みに自転車に乗れるようになったのはママチャリのおかげである。ママチャリことミニサイクルが発売されたのは昭和四十四（一九六九）年のことで、一大ブームとなったが、その後も女性用自転車として定着、ママチャリと呼ばれるようになったものである。

# 第三章　追想の建造物・乗り物

## 巣鴨プリズン

逢えなくなって　初めて知った
海より深い　恋ごころ……

という歌い出しで始まる『再会』という歌がある。

ハスキーという形容では足りない、松尾和子の切なげでなまめかしい歌声が、今も耳に残るこの歌は、昭和三十年代後半にヒットした。人生の中で最も多感な少女期の入り口でこの歌に出会った私は、まだ訪れぬ〝愛〟というものがもたらす喜びと苦しみを予感して、この歌を聞くたびに胸が締めつけられる気がした。

〝歌謡曲〟というものが人々に熱唱され支持されればされる程、その一方で、フン歌謡曲なんて！　何だ流行歌か!!　といった蔑視が当時はあった。

今でこそ、昭和を振り返ったり、二十世紀を回顧する中で、歌謡曲は輝かしきもの、懐かしきものとしてテレビ番組の中でもてはやされているが、私が子供のころは、歌謡曲は低俗なものという位置づけがなくはなかった。

だから、私の心を揺さぶったのがショパンの『別れの曲』ならまだしも、松尾和子が歌う『再会』では、ちょっと気恥ずかしく、私がこの歌に覚えた感動は、人に告げる機会を失って、今日まできてしまった。

あのころ、私がなぜこの歌に心ひかれたのかといえば、もちろん前述したように、松尾和子の切なく悩まし気な歌声にもあったろうが、二番の歌詞の中に出てくる「監獄の壁」にあったと思う。甘く切ないメロディーとこの「監獄」ということばがどうにも不釣り合いで、ずうっと異和を覚えつつ、この歌を口ずさんできた。

『再会』にモデルがいるということを知ったのは、だいぶ後になってからである。男がどんな犯罪をおかし、男を待つ女の境遇がどのようであったかは知らないし、男が収容された刑務所が巣鴨であったのかも不明である。だが、私は『再会』というと巣鴨プリズンが想いうかんだ。

巣鴨以外にも有名な（!?）監獄はある。市ヶ谷監獄（のちの中野刑務所）などは、時代劇でも知られる小伝馬町の牢獄が前身であり、歴史的ルーツからいえば、こちらの方が上（!?）といえるかもしれない。だが、子どものころにそんな知識は持ち合わせていなかったし、監獄だの刑務所だのといったおどろおどろしいものに関心が行くはずもなかった。

そんな私は、啄木や牧水、藤村らの甘ったるい詩歌にうっとりするお定まりの少女時代を送り、やがて文学に親しむようになると、藤村の兄が何やらの不正事件で巣鴨の監獄に入ったとか、葉山嘉樹が特高につかまり巣鴨刑務所に服役したといったエピソードを知るようになる。つまり、監獄、刑務所といえば、巣鴨という知識しか私にはなかったのだ。

巣鴨監獄は、北豊島郡巣鴨村、現在の豊島区東池袋三丁目に、明治二十八(一八九五)年十二月に竣工した。ここに警視庁石川島監獄支署が移転してきて、警視庁監獄巣鴨支所となった。以後、七十六年にわたる歴史が始まったのである。

巣鴨監獄は、既決囚を入れるための施設で、「敷地六万二千余坪、建坪七千二百余坪あり。監房は煉瓦にて畳み、……一棟を三十房に分《わか》ち、合せて三百房を有す。構外周囲には高さ十五尺、延長九百四間の煉瓦塀を繞《めぐ》らし」てあったそうだ(『東京案内』明治四十年)。

かなりの規模の監獄である。その上、総赤煉瓦造りの外観は、日本銀行、小石川砲兵工廠とともに、東京の三大建築と称されるほど立派なものだった。監獄だから、辺鄙なところに造るのは当たり前だろうが、それにしても延々とつづく麦畑の中に、ずいぶん豪華な監獄を建てたものである。

というのも、外国人をも拘禁できる国際監獄とするのが狙いだったからである。当時、治外法権の撤廃と、諸外国との不平等条約の改正をめざしていた政府は、相当気張って立派なものを建てさせたのだ。

いくら立派でも、監獄であるが故に、複雑な気持ちである。洋画家で詩人でもある中川一政が若き日に描いた『監獄の横』という作品がある（大正六年・油彩）。キャンバスの半分近くを占めるくすんだ草色は、雑草か麦畑か。その草色を分けて赤土の道がつづき、空はどんよりと大地におおいかぶさる。じつに荒涼たるこの光景こそ、巣鴨監獄の横手を描いたものなのである（中川は当時、この近くに住んでいた）。

キャンバスには、監獄の一部しか描かれていない。九百四間（約一・七キロ）の煉瓦塀のごく一部を描いただけでこれほど強烈に監獄というものの存在と意味性を感じさせるものは、ほかに私は知らない。

巣鴨監獄は、大正十一（一九二二）年、巣鴨刑務所と改称する。翌年関東大震災で大破し、大部分が府中刑務所に移された。昭和十二（一九三七）年、巣鴨刑務所は三階建ての東京拘置所となり、既決囚ではなく未決囚を収容する所となった。これは日本最初の本格的大未決監であった。設計は成尾清で、未決囚を収容する未決監は刑務所とは違うという考え方により、ここが拘置所か、と思われるほど明かるく清潔な建物が出来上がったという。

採光や換気にも注意が払われ、衛生的で近代的な入浴設備がととのえられた東京拘置所は、戦後、米軍に接収され巣鴨プリズンとなった。ここに東京裁判におけるA級、B級戦犯が収容され、死刑囚六十名が処刑された。明治政府がめざした国際監獄という目的が皮肉にも、極めて不幸な形で実現してしまったことになる。

昭和三十三（一九五八）年五月、米軍から返還された巣鴨プリズンは十三年ぶりに東京拘置所に戻った。そして、さらに十三年後の昭和四十六（一九七一）年、東京拘置所は小菅《こすげ》に移転し、巣鴨監獄→巣鴨刑務所→東京拘置所→巣鴨プリズン→東京拘置所という歴史を辿った建物は、姿を消した。

跡地に建ったのが、サンシャイン60である。

昭和五十三（一九七八）年、名前ともなった60階建てのサンシャイン60が池袋の街に出現したときの騒ぎは、八十年前、畑地に総煉瓦の巣鴨監獄が建てられたときの驚きを上回った。高さ二四〇メートルの超高層ビル（当時としては日本一）はあたかも経済大国ニッポンを誇示するかのように林立するビル群を睥睨《へいげい》し、毎日、大勢の人間を呑み込んでは吐き出すようになった。

だが、華やかなサンシャイン60の足もとに、人に気付かれるのを恐れるように、ひっそりと、六十名の戦犯が処刑された跡地がある。池袋中央公園の一角、何の変哲もない植え込みの中に石碑が一つ建っているのだが、「永久平和を願って」と刻まれたこの石碑こそ、絞首台があったところなのだ。驚くことに、絞首台は五つ、一度に五人が処刑されたという。

巣鴨プリズンが返還されてから、この絞首台は二度と使われなかった。碑にあるように平和を願ったからではない。法務省は、当初死刑執行を再開する予定だった。だが、すでにここは麦畑のつづく田園地帯ではなかった。戦前にも増して住宅が建ち並び、デパートやその他大きなビルもいくつか建つ、賑やかな街に変貌していた。

そんな街の真ん中で、死刑が行われるなんてとんでもない、と、地元民が猛反対し、とうとう法務省当局から「刑場は使わない」との一札を取ったのだった。

巣鴨プリズンの跡地にサンシャイン60が、平和と繁栄の象徴のようにそびえ、ここがむごたらしいことの行われた場所だということを知る人がいなくなってゆくことは、ある意味、幸せなことなのかもしれない。

だが、すべてを忘却の彼方に押しやってしまっていいのだろうか。建設以来、サンシャイン60には怪談めいた噂が絶えたことがないそうだが、二十一世紀に伝えられるのが怪談だけではないことを祈らずにはいられない。

## 呉ドック

ミレニアム、ミレニアムという声が、次第に騒がしくなりつつあった一九九九年の秋、海底に五十四年間眠り続けていた戦艦大和が引き上げられることとなり、しかもその様子がテレビで放映されるとあって、世間の耳目を集めた。

何しろ戦艦大和といえば、世界最大といわれる超弩級《ちょうどきゅう》の軍艦である。全長二六三メートル、幅三六メートル、排水量六万九一〇〇トンという文字通りの巨艦であり、その堂々たるボディに搭載された口径四六センチの主砲は、当時の最大口径四〇センチ砲を六センチも上回る、スーパー・ウルトラ大砲であった。

この大和を建造したのが、呉ドックである。呉ドックとは通称で、広島県呉市内にある石川島播磨重工業（IHI）の呉第一工場というのが正式名称である。もっとも呉は明治三十五（一九〇二）年に市制がしかれ、翌年に海軍工廠が設置されたから、大和は昭和十二（一九三七）年十一月、呉海軍工廠で起工、と言うのが正しいだろう。竣工は昭和十六（一九四一）年十二月十六日。五年の歳月と当時の金で五億円という莫大な費用をかけてつくられた。大和建造には述べ二百万人を要したという話を聞くと、呉は町全体が巨大な船渠《ドック》であるかのような錯覚を覚える。

事実、戦後、旧海軍工廠を引き継いだ石川島播磨重工業㈱（のちのＩＨＩ）の呉第一工場が、昭和二十六（一九五一）年から四十六年迄に建造した船は、タンカーなどを中心に八十隻をかぞえるというから、呉はまさしく造船の町なのである。

この八十隻の中には、世界初の十万トンタンカーと騒がれたユニバーサルアポロの建造もあった。呉工廠の建設は明治四十五（一九一二）年で、その後二度ほど改修工事が行われ、長さ三三五メートル、幅四三メートル、深さが一五メートルもある。世界一大きい戦艦と、世界初の大型タンカーの建造という栄誉にも輝いたのだった。

しかし、時代とともにタンカーの大型化は進み、一九六〇年代には二十万トンタンカーが当たり前になっていった。長さ三三五メートル、幅四三メートルでも手狭となり、昭和四十六（一九七一）年、呉第一工場は閉鎖され、一部が平板工場として使用されることとなったのである。呉ドックは、この時点でドックとしての命を終えた。享年五十九であった。

だが、高価なみかげ石でつくられたドックの側壁や、大和の姿を隠すために建造中に取りつけられた大屋根などから輝かしき呉ドックの余映を見ることが、まだ出来た。昔日を偲ぶことが出来たのだ。それが全面的に廃止されることになり、平成四（一九九二）年、第一工場の取り壊しとドックの埋め立て工事が始まった。二十万トンタンカーの建造には手狭とはいえ、埋め立てるとなれば大きなドックである。必要な土は十一トントンラックで約二万三千台といい、埋め立て完了は平成五（一九九三）年五月、十カ月を要した。

呉ドックの一部、例えば、起工、完工の礎石やみかげ石の壁の切片などが、保存されたというが、それは言わばお骨《こつ》のようなもの。お骨から親しかった生身の人を偲ぶのが哀切極まりないように、何とも切ない話である。呉ドックにかかわりのある人は少なくなっていたとはいえ、惜しむ声は多かった。

私は、呉の町を訪れたことはないし、造船の現場を見たこともない。軍艦マニアでもないから、呉ドックの終焉に格別の思いなど抱くはずもないのだが、なぜか、このことをニュースで知ったとき、一瞬だがもの悲しい気持ちになった。

そして、私の頭に吉川英治の『かんかん虫は唄ふ』という小説の題名がうかび、胸の中で「かんかん虫はうたふ、かんかん虫はうたふ」と呟いた。それが、造船のことも呉ドックのことも知らない私が唯一できる手向けのことばだったのかもしれない。

# 帝国ホテル旧館

もうだいぶ前になるが、関西方面に出かけたときに帰りを一日遅らせて、愛知県犬山市の明治村を訪れた。

奇しくも日本の二大文豪、鷗外と漱石が住んだという住宅を一目見てみようと思っての寄り道だった。

今は知らないが、私が訪れたときは（多分平成になったばかりの頃だったと思う）明治村はI号地からVIII号地まであり「森鷗外・夏目漱石住宅」はI号地の外れ、II号地寄りにあった。陸軍軍医学校の教官を務める傍ら、鷗外はこの家で「しがらみ草紙」を刊行し、『文づかひ』を書いた。のち、ロンドンから帰った漱石がこの家を借り、ここで『吾輩は猫である』を書いた。偶然とはいえ、二大文豪が時を違《たが》えて住んでいたとは、神のいたずらとしかいいようのない希有なことである。

私はワクワクしながら、順路に従って細い道を辿った。目の前に現れたその家は、私の予想よりずっと小さく質素だった。しみじみとした感動と肩すかしを食ったようなあっけなさを同時に味わいつつ、私は十分ほどでそこを立ち去った。

目的を達した私は、あとはブラブラ、「東松家住宅」では商家建築のダイナミズムに感嘆し、交番というよりは童話に出てくるかわいい家のような「京都七條巡査派出所」に笑みが誘われたりした。

そして、もう明治村探訪も終わりというころ、帝国ホテル中央玄関が現れた。はっきり言ってこの建物に期待も楽しみにもしていなかった私は一目で、ガーンと頭を殴られたようなショックをうけた。存在感といってしまえば、あまりにも凡庸だが、とにかく今迄見てきた建物とは、まるで違っていたのだ。辺りを払う佇まいというか、気品というか。どっしりと、実にどっしりと帝国ホテルはあった。

周知のように、帝国ホテルは、フランク・ロイド・ライトの設計によるものである。明治二十三（一八九〇）年に竣工した最初の建物（設計・渡辺譲）の消失にともなって新館が建設されることとなり、設計をアメリカの著名な建築家、F・L・ライトに委嘱することになったのである。

帝国ホテルは、一ホテルの建設とは趣きを異にしていた。国賓も宿泊する、いわば国の客室のようなものである。建設にあたっては宮内省と大蔵省が協力を惜しまず、費用、工期とも当初の三倍を要したという。着工は大正八（一九一九）年、全館が竣工したのが同十二（一九二三）年八月で、地上五階、地下一階の鉄筋コンクリート造り、客室は三百もあった。

勿論、地上十七階、地下三階、二千七百人は収容可能という現在の本館に比べれば小規模であるが、最初のが木骨煉瓦造り、客室六十である。単純にいって五倍の大きさだ。しかも褐色の煉瓦と稠密な幾何学模様が彫刻された大谷石をふんだんに使っている。工期も費用もオーバーしたというのも肯けよう。

完成後の帝国ホテルは、内外の著名人を大勢迎え入れては送り出していった。宿泊名簿を繰れば歴史上に名をとどめる錚々たる人物の名を見い出すだろうし、作家の正宗白鳥が一時期定宿していた（昭和初期）といったエピソードにも事欠かない。

だが、何よりも興味深いのが、帝国ホテル自体の逸話である。

大正十二年八月に完工した帝国ホテルの落成式は、九月一日、華々しく行われた。九月一日……、そう、あの関東大震災が起こった日である。一瞬にして、多大な費用と歳月をかけて造った建物が瓦礫と化すところだったのである。大谷石は耐火性、耐久性に富み加工しやすいという利点があるけれども、柔らかい。よくぞマグニチュード8の激震に耐えたものだと思う。

大食堂の内部は、埃及《エジプト》の宮殿にでもいるような怪奇《グロテスク》な感じだった。このホテルを設計した米国の建築家であるライトは、壁にも柱にも、触《ふ》れれば崩れるようなたいしゃ色の粗い石材を使ってあった。

これは、菊池寛の『東京行進曲』（昭和三年）の中の一節で、毎週土曜日に開かれたダンスパーティの模様を描写したものである。大過なく済んだ帝国ホテルの賑わいが彷彿とする一文である。

だが、戦時中は空襲をうけ、一部が焼失したため休業に追い込まれた。戦後は米軍に接収され、昭和二十七（一九五二）年四月に返還されたが、建物の傷《いた》みは目をおおうばかりだった。倒壊は免れたものの、落成式当日の大地震で全くダメージをうけなかったわけではない。加えて戦時下の類焼、米軍による接収と、うちつづく災難に帝国ホテルの寿命は日々、限界に近づきつつあった。

昭和二十九（一九五四）年には、山の手線のガード寄りに新館が建てられ、本館と新館を地下道で連絡して営業がつづけられたが、ついに、本館の取り壊しが決定した。

このことが明らかになると、反響は著しく、保存の声が高まった。「守る会」も結成され、熱心な保存運動が展開された。昭和四十二（一九六七）年十月には、ライト未亡人を中心とする建築家グループ八名が来日し、旧館保存を訴えた。

だが、同年十二月一日、取り壊し作業は始まった。今度こそ帝国ホテルは瓦礫と化し跡形もなくなるのか。いや、人々の熱意は届いた。全てを保存することは、到底無理だったが、中央玄関とホールが明治村へ移築されることになったのだ。そこに到る迄に紆余曲折はあったが、一つだけ記すと、移築実現に、時の首相・佐藤栄作が関与していたことである。佐藤首相自らが、明治村の初代館長である谷口吉郎に依頼したという。

個人的な思惑はともかく、日本の首相としてアメリカのプレスクラブで帝国ホテルの保存をはっきりと約束した手前、佐藤栄作は手を拱《こまね》いているわけにもいかず、谷口に移築を頼んだのだった。

こうして、鶴の一声で帝国ホテルの保存が決まり、一件落着かと思えたが、じつはその後が大変だったらしい。この間の苦労を谷口は次のように記している。

その復元工事は困難を極めた。運び込んだ古い部材を材料試験すると耐久性がない。古い構造も、今日の「建築基準法」では許可されない。更にライトの設計図も残っていない。そのため調査・研究を重ね、新材料を考案し、構造の補強などを実施する。従って、移築工事の費用も巨額なものになった。ようやく昭和五十一（一九七六）年、明治村の開村十一周年目に、ホテルの中央玄関とホールが外形を整えた。内装はまだ未完成だが、出来上がってみると、ライト設計のすばらしさに人々は今さらのように驚く。

（『明治村への招待』淡交社）

明治村館長の谷口は、自身が建築家である。慶応幼稚舎（昭和十二年竣工）や東宮御所（昭和三十五年竣工）をはじめ、多くの建物や文学碑なども設計している。明治生まれで明治育ちの谷口は、明治の建築物が消えてゆくのが堪《たま》らず建築博物館「明治村」の建設を思いたったという。谷口は、自ら手がけたものだけでなく、建築そのものを愛していたに違いない。だからこそ、新たに建設するよりずっと困難の多い移築に心血を注いだのだろう。

思えば、私が明治村で帝国ホテルを見た時に受けた衝撃は、谷口のこの情熱の故だったのかもしれない。

# お化け煙突

見る場所によって、三本にも二本にも、たったの一本にも見えるため〝お化け煙突〟と呼ばれた東京千住の四本の煙突が解体されることになった。これは東京電力火力発電所の煙突で、三十九年間のお務め御苦労さま、と昭和三十九（一九六四）年八月二十六日、関係者が集まって煙突の下でお別れ会を開いた。

私は小学生のとき、日本は水資源が豊富で水力発電が九十パーセントを占めていると習ったので、火力発電所が東京にあるなどとは思ってみたこともなかったから、お化け煙突の正体を知ったときは驚いたものである。

しかし、日本の電気事業の当初は、火力発電がおもであり、明治の後半から水力発電の開発が進んでいくも、なお、火力発電は行われていたのである。

とはいえ、時代の趨勢《すうせい》は、水力発電からさらに原子力発電へと動いていた。昭和三十三年末、東京電力は老朽化した火力発電所の廃止計画を発表、足立区千住桜木町のお化け煙突も解体されることになった。

ところが地元の人たちは取りこわしに反対。発電所の廃止は仕方がないとしてもせめて煙突だけでも史跡として残すよう、各方面に働きかけた。

このお化け煙突は地元民から親しまれた町のシンボルというだけでなく、全国的に有名な煙突なのである。昭和二十八（一九五三）年、五所平之助監督による『煙突の見える場所』の舞台となり、同作品は、ベルリン国際映画祭に出品され、ベルリン市会賞を受賞（昭和二十八年六月）、世界的に有名といっていいほどなのだ。

地元民が、お化け煙突を誇りに思い、いとおしむ気持ちが、天に通じたのだろうか。新しい発電所が相次いで故障し思うように稼動できないため、解体が一時《いちじ》、見送られることになった。これを喜ぶ地元民のようすが新聞でも紹介された。

思わぬことで寿命ののびたお化け煙突だったが、昭和三十九年、ついに解体が決定。冒頭に記したように、お別れ会が開かれたのである。

残念ながら、史跡として残して、という地元民の願いはかなわなかった。

解体されたお化け煙突は、しかし生きていた。翌年一月、地元の元宿小学校の校庭に、煙突を利用したすべり台が完成、子どもらが元気にすべる姿が報じられたのだった。

日本全国から、大きなエントツが消えていく…。

## 仁丹塔

仁丹の広告といえば、渋谷宮益坂にある仁丹ビルの上にそびえる「仁丹」という看板しか知らないが、かつて浅草に仁丹塔が立っていて、浅草名物として親しまれていたそうだ。

大阪にも「かに道楽」の大きなかにが手足をうごかしている看板が名物となっており、また〝一粒で二度おいしい〟グリコの広告がキラキラと輝いているが、浅草の仁丹塔が愛された理由は、それらとはちょっと違っていた。

もちろん企業の宣伝が狙いであることに違いはないが、仁丹塔は〝十二階〟と呼ばれ人々に親しまれた凌雲閣《りょううんかく》を模してつくられていたのである。

凌雲閣とは、その名のとおり雲をも凌《しの》ぐ高層ビルだった。たったの十二階建てを高層ビルとは！　と一笑に付すのは現在《いま》の見方である。凌雲閣が建った当時（明治二十三年）それは立派な高層ビルだった。何しろ「どこの家の物干しからも、どこの家の、どんなせせっこましい二階のまどからもたやすく発見出来た」のであり、「また広い東京での、向島の土手からでも、上野の見晴しからでも……たやすくそれを発見することが出来た」のだから（『絵空事』久保田万太郎）。

〃十二階〃が建った前の年、大阪に九階建ての八角塔凌雲閣が建ち、話題となっていたが、浅草の凌雲閣はそれより三階も高い上に、日本で初めてのエレベーターも設《つ》いていたから、人々の関心は浅草の方に移っていった。

このエレベーターで八階まで行き、そこから階段で十二階までのぼる。エレベーターは八畳位の広さで、十五人から二十八人ほど乗ることが出来た。中には座布団を敷いた腰掛けが設けられていたという。

十階の眺望室をグルリとひとめぐりすれば三六〇度展開する東京の景色が楽しめたし、十一階と十二階には望遠鏡も備えてあり、私たちがスカイラウンジや東京タワーを楽しむように、当時の人たちは〃十二階〃に親しんだのである。

ところで〃十二階〃のエレベーターは、故障が非常に多かったため、危険だとの理由で、わずか二年で使用禁止になってしまったそうだ。当時の人々は、一段一段のぼって十二階までいったということになる。

まさか！　と思うだろうが、たとえば石川啄木は、次のように詠んでいる。

　浅草の凌雲閣にかけのぼり息が切れしに飛び下りかねき

肺を病んでいた啄木が、階段をかけのぼった筈がないと思うし、あるいはエレベーターが使用禁止になる前で「かけのぼり」は表現者の技巧《テクニック》かもしれない。が、当時の雰囲気はよくわかる。

また、木村荘八（洋画家）は、

今でもあの塔で忘れないのは、その最上層へかかる段階の、塔身が細って来て、段が螺旋になるところの「楽しさ」や、そこに手狭な茶みせがあって、甘酒の呑めたこと……

と書いている（『見せもの考』）。

さらに芥川龍之介は、

時雨《しぐ》るゝや層々暗き十二階

という句と、

僕は浅草千束町にまだ私娼の多かった頃の夜の景色を覚えている。それは窓ごとに火《ほ》かげのさした十二階の聳《そび》えているために殆《ほとん》ど荘厳な気のするものだった。（『本所両国』）

という一文で、凌雲閣の暗さと明るさ、二つの面を描出している。

このように、一般の人だけでなく文学者や画家なども、十二階に大いに関心を寄せ、訪れていたのである。

しかし、十二階は大正十二（一九二三）年九月一日の関東大震災で、七階あたりから崩れ落ちてしまった。赤羽工兵隊によって爆破されることとなったが、これもエレベーターの設置と同じく、日本初の高層ビル爆破であった。

爆破当日（九月二十三日）、十二階の最期を見届けようとする見物人が大勢集まったそうだが、このようにみんなに親しまれた十二階を模したのが仁丹塔だったのだ。

仁丹塔は、凌雲閣が崩壊してから九年後の昭和七（一九三二）年に建てられた。十階までは八角形の総煉瓦づくり、上の二階がお城の尖塔のようになっているユニークな外観が再び浅草に蘇ったとき、十二階を懐かしむ人たちはどれほど嬉しかったことだろう。

木村荘八が「今でもあの塔で忘れないのは」と書いたのは昭和二十三（一九四八）年のことである。戦後なおも思い出として残っていた位だから、昭和七年の仁丹塔の出現は本当に懐かしく嬉しかったにちがいない。たちまち浅草名物として有名になったが、戦争中に解体された（昭和十九年）。

そして、昭和二十九（一九五四）年森下仁丹によって再建されたが、老朽化したため昭和六十一（一九八六）年七月、解体された。以後、仁丹塔は二度と再建されず、凌雲閣も史碑さえもなく、昔日の面影をしのぶことさえできない。

# 回転レストラン

ホテルニューオータニ東京の、回転展望レストラン「ブルースカイ」が、平成十一（一九九九）年七月七日で回転を止めた。

ニューオータニが開業したのが、昭和三十九（一九六四）年九月。東京オリンピック開催の一カ月前のことだった。勿論オリンピックを睨んでのことで、同時に東京プリンスホテルも開業したし、東京モノレール、東海道新幹線も開通した。新幹線が〝走る高度経済成長〟のシンボルなら、「ブルースカイ」ラウンジは上へ上へと伸びる高度経済成長の象徴であった。

バブル経済の絶頂期には、オープンハートのネックレスを彼女にプレゼントしようとする男性がティファニーに押しかけたように、当時のブルースカイラウンジにも彼女のハートを射止めようとする男性たちが、大勢訪れた。ラウンジはゆっくりと一時間かけて三六〇度回転する。十七階の高さから眼前に広がる東京の街を眺める、その景色が刻々と移り変わってゆくのである。その素晴らしさといったらないだろう。景色の素晴らしさもさりながら、レストランがそっくり回るというのがすごいことだった（今ではどんなことにも驚かなくなっているほどのハイテク時代だが)。

この回転の技術、実はかつて勇名を馳せた戦艦大和や武蔵の四六センチ砲台の応用だというのだ。兵器の技術がこんなところに生かされているとは、驚きである。

ホテルニューオータニは千代田区紀尾井町にあり、若いカップルのほかに国会議員への陳情に上京した人たちも必ず立ち寄ったそうだ。もちろん観光客にも大の人気で、はとバスもコースの中にこの「ブルースカイ」ラウンジを組み入れた。

昭和四十年ごろ、ある週刊誌が「東京八景」を読者に選んでもらったところ、ブルースカイラウンジや銀座スカイラウンジなどの回転展望レストランが堂々の一位だったという。

銀座スカイラウンジは有楽町の東京交通会館の十五階にある。スカイラウンジの一年後に開業した。スカイラウンジはチャイニーズレストランとなり回転しなくなったが、銀座スカイラウンジは、今なお月に一万人以上の客があり、二十一世紀も回しつづけるそうだ。

# ムーラン・ルージュ

> 春宵七時——ステエション新宿が一番悩ましく切なげに興奮する時である。（中略）あの垢だらけの公衆電話、及びその前を占める暗ぼったい一隅のスペエスから便所よりの出口までの間に立ち並ぶ男ら、女ら——目玉ばかりに神経を集めて、落ちつかぬ風情。彼等は皆、彼か彼女を待っているのである。

と、昭和六（一九三一）年、舟橋聖一が『新宿駅』で描いたその年の大晦日に、新宿の馬糞《ばふん》横町と呼ばれていた一画に、ムーラン・ルージュ新宿座は開場《オープン》した。新宿西口が副都心の景観を現すずっと以前《まえ》、歌舞伎町すら誕生していなかったころである。近くに高野フルーツパーラーや紀伊國屋書店、カリーの中村屋などがあって賑わっていたとはいえ、馬糞横町という呼称からも想像されるような場所に、屋根の上に赤い風車がグルグル回る建物が出現したのだから、さぞや話題となり、連日客が押しかけたと思われる。

　ところが、この小劇場の客の入りは思わしくなかったという。世に喧伝されるムーラン・ルージュの盛況ぶりは、昭和八（一九三三）年以降のこと。オープンからの二年間、屋根の上の風車は空しく回りつづけていたらしい。閑古鳥が啼いていたムーランが一躍世間の注目を浴びるようになったのは、ムーランの歌手高輪芳子《たかなわよしこ》（当時十八歳）と作家の中村進治郎（二十六歳）のガス心中がきっかけだといわれる。芳紀十八歳の芳子は死亡、中村一人が生き残り、嘱託殺人罪に問われたりしたものだから、人々の好奇心はいやが上にも高まり、大勢の客がムーラン・ルージュに押しかけたそうだ。

だが、一説によると、ムーラン・ルージュを旗揚げした佐々木千里《せんり》が、屋上の風車を逆回転させてから、客が入るようになったのだともいう。つまり「福は内！」ならぬ「客はこちら」とばかり、風車の回転を外から入口の方に「お客さん、いらっしゃい、いらっしゃい」と招くようにしたそうなのだ。眉唾な話ではあるが、当時ムーランの装置係が語った思い出だというから、風車の向きを変えたことは、少なくとも事実《ほんとう》なのだろう。

赤い風車《ムーラン・ルージュ》のエピソードである。私としては心中事件より、風車説を信じたい気がする。そもそも、ムーラン・ルージュ新宿座とはフレンチ・カンカンで知られるパリのミュージック・ホールの名を藉《か》りたものである。パリのムーラン・ルージュは建物に取り付けられた大きな赤い風車《ムーラン・ルージュ》がそのまま名称となったもので、一座を立ち上げた佐々木は、劇場の名前だけでなく、シンボルである赤い風車もそっくり真似たのだった。

だが、ただ真似たのではない。エノケンこと榎本健一が活躍していた浅草玉木座の支配人だった佐々木は、浅草軽演劇とは一味ちがう軽演劇をめざし、いわばその志のあらわれとしてムーラン・ルージュの名を藉りたのである。

脚本を重視した佐々木は、文芸部に新興芸術派の気鋭の作家、龍胆寺雄《りゅうたんじゆう》をはじめ、吉行エイスケ、楢崎勤《ならさきつとむ》、伊馬鵜平《いまうへい》といった今にして思えば錚々たる顔ぶれを揃えた。

吉行エイスケは、吉行淳之介（作家）、吉行理恵（詩人）、吉行和子（女優）の父である。というより、NHKの朝の連続ドラマ『あぐり』（平成九年四月七日〜十月四日放映）の主人公、吉行あぐりの夫といった方が今は、通りがいいのかもしれない。

伊馬鵜平は、私には伊馬春部の名で親しい。といっても、何がどう、と具体的な記憶があるわけではなく、耳に懐かしく、目に覚えがあるといった程度だ。伊馬鵜平が春部と改名したのは戦後のことで、ラジオドラマの脚本や、ユーモア小説に健筆をふるった。かすかにテーマソングを憶えているだけの『向う三軒両隣』の脚本も伊馬春部だったと知り、私が彼の名に親近感を覚えるのも納得がいった。

このほかに、のちに『君の名は』で名を馳せる菊田一夫も加わっていたということを聞けば、佐々木の意気込みが並々ならぬものだったことは想像がつく。にもかかわらず定員四百三十人の小さな劇場《こや》を一杯にすることが出来なかったとは、縁起でもかついで、「客よ、来い」と風車の向きを変えたくなる気持ちもよくわかる。

佐々木の思いは、しかし報われるときがくる。昭和八（一九三三）年三月七日付の東京朝日新聞に、ムーラン・ルージュの劇評が載り、ほめられたのだ。ムーラン・ルージュが知識層の人気を得ているのは「浅草のエノケン一座に劣らぬ近代的奇想に富んだ脚本のおかげである」と。

こうして、東京の浅草の笑いに対し、都会的センスと風刺のきいた西の笑いを、ムーラン・ルージュ新宿座はうちたてたのである。

とはいえ、人気はやはり芝居よりレビューだった。インテリといえども学生もサラリーマンも男である。若い娘が脚を高く上げて踊る姿に目が行かないはずはない。だが面白いことに、ムーランの踊り子たちはニコリともせずに踊っていたという。踊りを見せるのであって、客に媚びたりはしないという心意気だったとか。あでやかな笑顔で踊る本場のフレンチ・カンカンの踊り子とはだいぶ違ったようだ。

ムーラン・ルージュに通ったのは、何も学生やサラリーマンに限らなかった。斎藤茂吉、川端康成、高見順、志賀直哉、谷川徹三、武田麟太郎といった人たちが、ムーランの大ファンだったと聞く。さらに女流作家の吉屋信子、そして文藝春秋の創設者、菊池寛の姿も満員の客席の中にあったという。

連日、入場者が長蛇の列をつくったムーランにも、試練の時は訪れた。昭和十六(一九四一)年以降、戦時体制が強化されてゆくにともない社会風刺や市民生活を自由に描いた脚本が見咎められないはずはなく、〝ムーラン調〟と呼ばれたナンセンス・コメディは姿を消していった。

時勢に迎合した芝居をやらざるを得なかった上、昭和十九(一九四四)年一月には、敵性語・敵性音楽追放の中、ムーラン・ルージュは作文館と改称を余儀なくされた。

敵性語といえば、野球のストライクが正球、ボールが悪球、セーフが安全などと言いかえたこと、スタルヒン投手が須田博と改名させられたことなどが有名だが、とくに目の敵にされたのは、何といっても音楽だった。ポリドールが大東亜、キングが富士音盤などと改称したのは勿論、同盟国ドイツ、イタリア以外の音楽の殆どが、バーやカフェ、ラジオの音楽番組から追放された。

ムーランで人気のあったバラエティは音楽作文と呼び名を変え、自由に音楽を演奏も出来ないとなれば、ムーラン・ルージュは死に体も同然だった。昭和二十（一九四五）年二月、松竹に売り渡され、三カ月後の五月二十五日、空襲をうけ焼失した。

ムーラン・ルージュはわずか十四年で幕を閉じたのである。

だが、焼け跡に草木が芽を出すように、ムーランは蘇った。ちいさなバラック建てだが、見れば赤い風車もついている「赤い風車・新宿座」は紛れもなくムーラン・ルージュであった。娯楽を求める人々が押しかけたが、時代は明らかに変わっていた。戦前の演《だ》し物《もの》では、笑いに飢えた人々を満足させることが出来ず、昭和二十一（一九四六）年九月、たったの四カ月で解散となった。しかし「捨てる神あれば拾う神あり」とはよく言ったものだ。ムーランは、さらに七カ月後に息を吹き返したのである。

実業家の林以文が、新宿座と名称を買い取り、経営に乗り出したのだ。正真正銘のムーラン・ルージュ《ムーラン・ルージュ》の復活だった。昭和二十二（一九四七）年四月八日、初日の演目は、バラックで赤い風車を甦らせた中江良夫の脚本「太陽を食べた鼠の話」で、演出も中江がやった。この芝居とバラエティとの二本立てでスタートした新生ムーランは、再び超満員の人を集めた。

まさに〝不死鳥〟ムーランだったが、思わぬところに射手《しゃしゅ》がひそんでいた。ムーラン・ルージュのすぐ近くにあった帝都座がストリップ・ショーを興行、客がみな帝都座に流れたのである。戦後、人々は長い間の抑圧を一気に解放させようと、直截的な刺激へと向かい、ストリップ・ショーが流行っていた。とくに帝都座では、丸木砂土こと秦豊吉が仕掛けた〝額縁ショー〟が爆発的人気を呼び、ストリップ・ショーの流行に火をつけたのである。

ある方向へ、大衆のエネルギーが向かおうとするとき、手がつけられないことがある。さしものムーラン・ルージュも、この欲望《エネルギー》の流れを変えることはできなかった。

昭和二十六（一九五一）年六月、赤い風車はその回転を止めた。

ムーランから輩出された人たち、――戦前のムーランからは有島一郎、益田喜頓、左卜全ら、戦後は森繁久彌、由利徹ら――も大半が黄泉《よみ》の客となり、新宿を訪れても、今はムーラン・ルージュの面影をしのぶことさえ難しい。ただ都会の喧噪に、ムーランを支えたファンの熱気を垣間見るのみである。

# 日劇

昭和五十六（一九八一）年二月十五日、この日をもって日劇は四十八年の歴史に幕を下ろそうとしていた。

一月二十八日から始まった「サヨナラ日劇フェスティバル――ああ栄光の半世紀」は連日超満員だったが、千秋楽のこの日、観客のボルテージは最高潮に達していた。今日のこのステージを最後に、日劇はなくなるのだ。オーバーヒートするファンの熱気は、日劇の建物を爆破しかねない勢いだった。本当にファンの狂熱で吹き飛んでしまえばよかったのに。その方が日劇も本望だったろう。この公演の幕が下りてしまえば、どうせ日劇は解体されるのだったから。

そして予定通り二十四日後の三月十一日、解体清祓式は行われた。あの喧噪がうそのように静かに厳かに。それは祝詞《のりと》を葬送の調べとした葬式でもあった。

日劇と呼び親しまれた日本劇場が誕生したのは昭和八（一九三三）年十一月三十日のことである。当時まだあった数寄屋橋のたもとに純白のタイルの建物が現れたとき、さしもの東京っ子も驚いたに違いない。関東大震災（一九二三）から十年、数寄屋橋を中心とする一帯はモダンな都市空間へと変貌を遂げていた（外堀にかかるコンクリート橋はモダンなアーチ型、威容を誇る朝日新聞社のビル、数寄屋橋公園と一体化した泰明小学校などなど）が、しかし、橋に向かって半円形の美しい壁面を見せる日劇の出現は、世間の耳目を驚かすに十分であった。

設計者は、渡辺仁。現在の東京国立博物館や和光を設計した人物である。人々の目を奪う斬新さの中にも、品格が感じられ、日劇は数寄屋橋界隈の、いや銀座全体のシンボル的存在となった。

着工は昭和四（一九二九）年八月五日、完工までに四年余をかけてつくられ、地下三階、地上七階、延べ四七八六坪、キャパシティ三千席の日劇は昭和八年十二月二十四日、賑々しくオープンした。〝陸の竜宮〟と銘打って。

竜宮というからには、タイやヒラメの舞い踊り、すなわち〝レビューの殿堂〟を思いうかべるだろうが、当初日劇は映画劇場としてオープンしたのである。建設にあたったのも運営も日本映画劇場㈱で、昭和十（一九三五）年一月から東宝が経営を引き継いだが、やはり興行の中心は映画だった。

ところが、昭和九（一九三四）年三月、アメリカのレビュー団マーカス・ショーが公演を行い、これがものすごい人気を博する。

アメリカのレビュー団マーカス・ショーが日本劇場で開演して満都の人気を収集

しているようであった。日曜日の開演時刻にこの劇場の前を通って見ると大変な人の群が場前の舗道を埋めて車道迄はみ出している。これだけの人数が一人々々これから切符を買って這入るのでは全部が入場する迄に一体どの位時間が掛かるか一寸見当がつかない。人ごとながら気になった。

これは寺田寅彦の晩年の随筆で、昭和九年六月、『中央公論』に吉村冬彦の名で発表された「マーカス・ショーとレビュー式教育」の一節だが、当時の人気ぶりがよくわかる。

経営にのり出した東宝は、日劇を映画館から実演場に広げ、昭和十一（一九三六）年一月から専属舞踊団（のちの日劇ダンシングチーム・通称ＮＤＴ）を登場させた。二年前のマーカス・ショーの大成功が頭にあったのかもしれないが、東宝はすでに大正三（一九一四）年に宝塚少女歌劇団を創立させており、グランド・レビューが人々を酔わせることを十分に心得ていた。ロシアバレエから琉球の踊りまで、和洋の踊りを盛りこんだ独自のレビュー路線をうち立て人気を博した。

とりわけ、二十〜三十名の踊り子が並び、一斉に脚を上げて踊るエロティックなラインダンスは日劇の名物となり、学生やサラリーマンなどを夢中にさせた。

男たちを熱くしたラインダンスは、日劇の支配人・秦豊吉の発案だった。秦といえば丸木砂土のペンネームを持つ作家でもあり、戦後は新宿帝都座の額縁ショーを制作し、ムーラン・ルージュの人気を奪った人物である。秦は、アメリカのロケットガールの一糸乱れぬラインダンスに魅せられ、ダイナミックなエロティシズムを発散させる群舞を日本のショーでも、と願った。その願いを、NDTの踊り子に託したのである。

横一列に並んだ踊り子の腰に、長い竹棹を縛りつけ、半歩の乱れもおきぬよう特訓したとのエピソードも伝わっている。この間の様子は『さらば日劇レビューの灯よ』(「文藝春秋」昭和五十二年七月号)に詳しいので省くが、こうして日劇は〝レビューの殿堂〟の名をほしいままにしていったのである。

だが、御多分に漏れず、戦争の激化によって、華麗なレビューの歴史にいったん幕が下ろされる。昭和十九(一九四四)年二月、『バリ島』の公演を最後に日劇は閉鎖、「風船爆弾」製造工場となったのである。

日劇のレビューが再開されたのは戦後すぐだった。殺伐とした人々の心に、日劇のレビューは想像以上の活力《エネルギー》を与えた。昭和二十六(一九五一)年からは、戦後第一回の『春のおどり』が上演され、のち、春・夏・秋のおどりが定着して、三大おどりと呼ばれ昭和五十二(一九七七)年までつづいた。

レビューに陰りが見え始めたのは昭和四十年代に入ってからで、五十年代になると客席がガラガラという状態が当たり前になった。人々の求めるものは、明らかに変わりつつあったのだ。昭和四十九(一九七四)年八月の初演以来、宝塚歌劇団の『ベルサイユのばら』が一大ブームをまきおこし、ミュージカル時代の到来を示していた。

昭和五十二(一九七七)年四月二十四日、『ボン・ジュール・パリ』の公演を最後に日劇はレビューの幕を閉じ、日劇ダンシングチームは事実上の解散となった。

ここまでレビューを中心に日劇の歴史を辿ってきたが、しかしレビューが日劇の全てではない。〝レビューの殿堂〟日劇は、また〝ヌードの殿堂〟でもあった。

昭和二十年代、東京はストリップの全盛時代であった。きっかけは前述した秦豊吉が仕掛けた新宿帝都座の〝額縁ショー〟である。どんな過激なショーかと思えば、ブラジャーをつけた踊り子が薄紗《うすぎぬ》をまとって立っているだけというおとなしいものだった。が、これが当時の男性諸氏には超刺激的だったようで、夜の東京は、大小のストリップ小屋がひしめく街となったのである。

日劇の五階にもストリップを上演する日劇小劇場と呼ばれるステージがあった。ここを当時のカネで二千五百万円かけて改装し、日劇ミュージックホールは誕生したのである。昭和二十七（一九五二）年三月十六日のことだった。

このリニューアルが、いかに注目されていたか。新聞記事（読売）は次のように語っている。


どんなものが出現するのかと興味と注視の的となっている日劇ミュージックホールは改装が予定通りはかどり、いよいよ十六日に開場するが、その披露公演は、越路吹雪……（略）……二科会の岡本太郎画伯までが特別出演する異色プログラムがほぼ決定した。

この記事によれば、「芸術は爆発だ」の岡本太郎は、舞台の上で即興画を描いたらしい。

東宝の社長（当時）小林一三は、有楽町・日比谷界隈をアミューズメントセンターとしたいと思っており、「丸の内から裸を追放せよ」といって、裸抜きのおしゃれなショーを上演したかったようだが、それでは胸躍らせて待っていたファンは、当て外れである。当然ながら小林の方針は一八〇度の転回を余儀なくされた。

方針転換のおかげで日劇ミュージックホールからは数々のスターが生まれていった。ジプシー・ローズ、松永てるほ、春川ますみ……これらを懐かしむ男性は少なくないだろう。私の亭主も一度だけ（!?）観に行ったとか。アンジェラ浅丘のエキゾチックな魅力に、すっかり参ったらしい。

日劇ミュージックホールのヌードショーは、日劇そのものが幕を下ろした昭和五十六（一九八一）年、東京宝塚劇場へと公演を移した。だが、時代の趨勢はA・V《アダルトビデオ》にあった。昭和五十九（一九八四）年三月二十四日、日劇ミュージックホールの最終公演が行われた。

日劇と共に消えたものに〝実演〟ということばがあると私は思っている。日劇はレビューであれストリップであれ体当たりの、文字通り〝実演の殿堂〟だった。とりわけ歌謡ショーは、老若男女すべての世代を熱くした実演だった。あのころの熱気をおもいおこすと、ライブなんていうことばがそらぞらしくさえ思えるほどだ。不出世の歌姫・美空ひばりは勿論のこと、越路吹雪や三橋美智也、御三家と呼ばれた橋幸夫、舟木一夫、西郷輝彦ら、かぞえきれないほどの歌手が日劇の舞台に立ち、歌謡曲の黄金時代（昭和四十年代）をつくり出した。

だが、私個人の思い出は、何といってもウエスタンカーニバルだ。ウエスタンカーニバルの第一回公演は昭和三十三（一九五八）年二月。八日から十四日まで、この一週間がロカビリー旋風の火つけとなったのである。

今や伝説となったファンの失神。山下敬二郎、平尾昌章（現、昌晃）、ミッキー・カーチスのロカビリー三人男が体をくねらせて歌う舞台にかけ上がるファンや、興奮のあまり失神するファンは十代。この狂態はセンセーショナルに報道され、世の大人たちは眉をひそめたが、この年だけでウエスタンカーニバルは四回も開かれた。

中学生だった私は、自分と大して齢の違わない少女たちの狂態ぶりに驚きつつも、決して不快だとは思わなかった。ロックンロールとヒルビリーがMIXしたロカビリーのリズムに快く酔い、ならいたての英語への興味から、歌詞の英語部分を訳してはひとり喜んでいた。

ウエスタンカーニバルは昭和五十二（一九七七）年八月までの二十年間に都合五十四回開かれた。中学生だった私も三十代にさしかかって子育てのまっさい中だったので、ウエスタンカーニバル終焉のニュースを遠いこととして聞いた。この齢になってからの方がむしろ懐かしくジーンとくる。私のお気に入りは柳家金語楼の息子の山下敬二郎だった。ロカビリー三人男の中ではいちばん美形から遠かったが、声がセクシーだった。

今でも〽 just sitting in the balcony ♩♪（「バルコニーに座って」の歌い出し）と耳もとでささやくようなヤマケイの声がよみがえる。

日劇には失神伝説のほかにも数々の伝説が生まれている。戦前の人たちには李香蘭（山口淑子）のショーを観に集まったファンが、日劇のまわりを七回り半取りまいた（昭和十六年二月）というエピソードが懐かしいに違いない（この記録を破ったのがウエスタンカーニバルである）。

人それぞれの思い出を土台にして、有楽町マリオン（昭和五十九年十月オープン）は建っている、私にはそう思えてならない。

# 東京宝塚劇場

「アメリカに行きたいかあ!!」という、参加者を鼓舞する掛け声で有名なTV番組「アメリカ横断ウルトラクイズ」にも出題されたことがある「記念すべき宝塚の第一回公演の演《だ》し物」は、『ドンブラコ』だった。

ある日、おばあさんが川に洗濯に行くと、川上からドンブラコ、ドンブラコと大きな桃が流れてきました……の『ドンブラコ』である。この『桃太郎』に題材をとった『ドンブラコ』と『浮《うか》れ達磨《だるま》』『胡蝶』の三本立てで、宝塚少女歌劇は大正三（一九一四）年、華麗に幕を明けた。

華麗に、と記したが、公演の行われたパラダイス劇場は宝塚新温泉プールを改造したもので、温泉客を誘致するのが目的であった。ところが、このおまけのアトラクションともいうべきものが、人気を博し、四年後には東京にも進出。帝劇で上演し、東京でも大成功をおさめたのである。

その後も宝塚の人気は高まる一方で、大正十三（一九二四）年には、キャパシテイ三千人を誇る宝塚大劇場が新築され、昭和九（一九三四）年には東京日比谷に東京宝塚劇場がオープンした。地上六階、地下一階、収容人員二千八百十人、電動式の舞台装置をそなえた、本家本元の宝塚大劇場にひけを取らない近代的大劇場だった。

年明けの一月一日、各界から著名人三千人を招いて柿落《こけら》とし公演が華やかにくり広げられた。演目は『ドンブラコ』とは全く異なるレビュー『花詩集』。この『花詩集』は宝塚レビューの代表作となった素晴らしい舞台である。前年、本拠地の宝塚大劇場で初演され、三カ月ぶっ通しで上演されるほどの人気と名作との評価を得ていた。

柿落とし は大成功で終わったが、翌日からの一般公開ももちろん大盛況。これほどの豪華な劇場にもかかわらず入場料は五十銭。一等席でも二円だった。これは宝塚少女歌劇の生みの親、小林一三の理念「大衆芸術の陣営・家庭共楽の殿堂」が反映したものと思われる。

『花詩集』には宝塚のトップスターが出演したが、とりわけトップ中のトップ、小夜《さよ》福子、葦原邦子（どちらも男役）の人気は絶大で〝小夜・葦原時代〟と呼ばれた。

言うまでもなく、宝塚とＳＫＤは日本の二大歌劇団で、どちらも熱狂的なファンのいることで有名である。松竹少女歌劇団がターキーを争議団長としてストライキに突入したとき（昭和八年）も、全国のファンからカンパと激励の手紙が寄せられ、この支援があったからこそ、経営側がストをかんたんに封圧することができなかったともいえるのだ。

しかし、熱狂的ということでいえば、宝塚のファンは一種独特である。たとえばヅカファンはスターを決して呼び捨てにしない。さも旧来の知己であるかのように「○○さん」と呼ぶ。あるいは、神聖なものを仰ぎ見るように「○○さま」である。

私は正直言って宝塚があまり好きではないが、姉のように親しんでいた従姉《いとこ》が熱烈なヅカファンで、子どものころ遊びに行くたびに「宝塚ファン」というパンフレットやブロマイドをたくさん見せられたので、ある時期の宝塚については結構くわしい。従姉はとに角「スミさん」のファンで、眉を濃く太く描いた宝塚特有のメイクをしたスミさんの写真を嬉しそうに、得意気に見せた。

スミさんとは寿美花代。現在、高島忠夫の妻であり、政宏・政伸兄弟の母として知られるが、当時は雪組の男役スターだった。従姉も勿論、スミハナヨとは決して言わず、スミさん、スミさんと呼んでいた。

ヅカファンのもう一つの特徴は、親子二代にわたるということである。小林一三は〝家庭共楽〟をうたったが、宝塚は母と娘がそろってファンというのが珍しくないのだ。母親が若いときからファンで、その影響で娘もファンになったというのが大半だが、さらに母親が娘時代、宝塚音楽学校を受けて失敗し、二十数年後に自分の娘を受験させ、ようやく宝塚入団の夢を果たしたというケースも少なくない。

それどころか、時代も平成になってくると、祖母の代から三代つづくファンだという話も聞くから、宝塚ファンというのは、とにかく尋常ではない。

ともあれ〝小夜・葦原時代〟と呼ばれた宝塚の第一期黄金時代は、日本中の少女が制服の緑色の袴に憧れ、舞台の上で「すみれの花咲くころ」を歌うことを夢みたといってよい。「すみれの花咲くころ」は、宝塚歌劇団の団歌のように思われているが、実は『モン・パリ』の主題歌である。『モン・パリ』は欧米見学から帰国した岸田辰弥による我が国初のレビュー作品で、昭和二（一九二七）年に上演された。初のレビューというわけは、『ドンブラコ』以来、宝塚の舞台は日本調の舞踊劇とお伽歌劇が中心であり、本格的なレビューとは少し違っていたからである。

『モン・パリ』は物凄い反響で、主題歌の「すみれの花咲くころ」は全国に流行した。その清純で美しい曲調は、宝塚のモットーである「清く正しく美しく」とピッタリ一致。行儀見習いや花嫁修業代わりに宝塚へ入れようとする親も現れたのである。

宝塚のユニークな点はまだある。芸名を百人一首からとることが多かったことと、組制を施《し》いていることだ。今は殆どみられないが、当時は小夜福子（小夜《さよ》更《ふ》けて）、雲井浪子（雲井にまごう沖つ白浪）、天津乙女（天つ風…乙女の姿…）というふうに、百人一首に因む芸名が多かった。

組制のスタートは、大正十（一九二一）年に月組と花組の二組に始まり、次いで、大正十三年に雪組が、昭和八年に星組が誕生した。各組とも宝塚を代表するトップスターをそれぞれ擁しているが、内部での呼び名が「組長」というのが、何ともおかしい。

さて、東京宝塚劇場のオープンから四年後、宝塚音楽学校への入学志願者は、定員の十一倍強という、戦前では最高の数値を示した。この年（昭和十三年）は渡欧し、初の海外公演も行うなど宝塚人気は衰えを知らなかった。だが戦時色が強まってくると、華美な舞台への批判が相次いだ。ライバル松竹少女歌劇団は、昭和十九（一九四四）年三月に解散し、松竹芸能本部女子挺身隊を結成したが、宝塚もまた兵隊への慰問公演で、批判をかわし戦局を切り抜けた。

東宝劇場も陸軍に接収され、風船爆弾工場になった。戦後、返還され公演活動を再開したとたん、またもや不幸が東京宝塚劇場をおそった。占領軍兵士の娯楽施設として、GHQから再び接収されたのだ。昭和二十（一九四五）年のクリスマス・イヴから十年、東宝劇場は、アーニー・パイル劇場と名前を変えられ、日本人が出入り出来ない場所になってしまったのである（アーニー・パイルとは、沖縄で戦死したアメリカ人従軍記者の名前である）。

宝塚歌劇団は東京での拠点を失い、日劇、帝劇、江東劇場などを転々とする日が続いたが、昭和二十八（一九五三）年六月、返還を求める裁判で勝訴し、二年後（昭和三十年）にやっと接収が解除された。これを祝い、四月十六日より『虞美人』を上演、ヅカファンに感動の涙を流させた。

その後、東京宝塚劇場ではミュージカルの上演も行われ、『マイ・フェア・レディ』の成功（昭和三十八年九月初演）により、日本のブロードウェイ・ミュージカルが上陸する端緒を開いた。

また、池田理代子の少女漫画『ベルサイユのばら』の舞台化の大ヒット（昭和四十九年初演）により、ヅカファンの層を広げた。

昭和三十三（一九五八）年には、上演中の舞台から出火し、三人の犠牲者を出した。華麗な歴史と忌まわしい思い出。明と暗のドラマを展開した東京宝塚劇場は、平成九（一九九七）年十二月二十九日、『アデュー東京宝塚劇場』の公演を最後に、六十四年の歴史に幕を下ろした。当日、会場に入れなかったファンで、劇場の前の通りが埋めつくされたほどだったが、劇場の内と外で別れを惜しむファンの顔は、思いのほか明かるかった。

なぜなら、二十一世紀の幕開けと共に新劇場が装いも新たにオープンする予定だからである。

# 国際劇場

戦後十二回目の新年を迎えた昭和三十二（一九五七）年、お屠蘇気分のまだ抜けない一月十三日、びっくりする事件が起こった。天才少女歌手から歌の女王への道をまっしぐらに進んでいた美空ひばりが顔に塩酸をかけられたのだ。

犯人は熱烈なひばりファン。ひばりと話がしたいと何十回となく電話をしたが応答してもらえず、これを怨みに思っての行動だった。幸い大事には至らなかったが、犯人がファンであったこと、しかも自分より二歳下の十八歳の少女だったということがひばりの心を深く傷つけたといわれている。

もちろん、巷間でも話題しきりだった。私の母も近所のおばさんたちと興奮気味に話していた。ひばりが塩酸をかけられたという事件も驚きには違いなかったが、母たちが騒いだのは、この事件が戦前の林長二郎事件を思い起こさせたからだった。

林長二郎、のちの長谷川一夫が、松竹から東宝に移籍した直後、東宝京都撮影所で暴漢に襲われた。暴漢は剃刀を持って飛びかかり、林は顔面に大きな傷を負ったのである（昭和十二年十一月）。林長二郎といえば二枚目中の二枚目で鳴らし、世の女性の人気を独占する勢いだったから、十七、八の娘だった母も、かなりのショックを受けたそうだ。

美空ひばりの塩酸事件は、この林長二郎の事件をまざまざと思い起こさせ、母たちは興奮したのである。

私は美空ひばりのファンというわけではなかった。しかし、同時代の人ならわかっていただけると思うが、ひばりのファンであろうとなかろうとそんなことは関係なかった。何しろ私たちの暮らしは、ひばりの歌にどっぷり漬かって営まれていたのだから。私も日常的に飛びこんでくるひばりの歌を無意識のうちに選《え》り分け、あるものは拒否し、ある曲は口ずさんでいる、という風だった。

私は時代小説が好きで、親の本をこっそり盗み読みしていた少女だったので、ひばりの歌で好きなのは『長崎の蝶々さん』や、題名は忘れたが「月が小春に、小春が月に、濡れる朧《おぼろ》の春化粧……」という江戸情緒ゆたかな歌だった。

だから、ひばりが顔に塩酸をかけられた、と聞いた時は、決して無関心ではいられず、母たちの話に耳をそば立てた。

美空ひばりの塩酸事件を、なぜこうも長々と書いたかといえば、この事件が起きた場所こそ浅草国際劇場だったからである。

浅草国際劇場がオープンしたのは、昭和十二（一九三七）年七月三日のことだった。総工費は当時の金で二百万円、最新の設備をそなえた〝東洋一を誇る四〇〇〇人劇場〟

であった。堂々たる四階建ての外観はもとより、舞台裏には最新鋭の機器がズラリと並び、客席を大花道が貫き、まさに〝東洋一〟に恥じないレビューの殿堂だった。

この花道を駆け抜け、華やかにダンスをくり広げたのが、松竹少女歌劇団の踊り子たち。そう、国際劇場は松竹少女歌劇団の常設劇場として建てられたのである。踊り子のために建てられたともいえる。すごいことだ。しかしこのすごいことは一朝にしては成らなかった。

国際劇場が出来るまでは、彼女たちが本拠地としていたのは、映画館の浅草松竹座だった。ここに拠って盛名をとどろかせた人に、たとえばエノケン（榎本健一）がいる。エノケンは松竹座に進出してから黄金時代をつくり上げた。だが踊り子たちは松竹座で踊るようになってから二年たっても、パッとしなかった。

大正十一（一九二二）年、大阪で創設された松竹楽劇部の人気上昇にともない東京にも松竹楽劇部がつくられた（昭和三年）が、道頓堀名物となっていった大阪のような人気は出ないまま、二年が過ぎていたのである。

ところが予期しないことが起こった。昭和五年の春に上演した「東京踊り」がヒットしたのだ。映画のアトラクションとして上演された幕間もない一〇景のレビューが、二カ月のロングランとなったのである。

東京の松竹楽劇部にも火がついた。「東京踊り」のヒットにより、秋には「松竹オンパレード」が上演されたが、この舞台から、押しも押されもせぬ人気スターが誕生したのだ。ターキーこと水の江滝子である。水の江は、「松竹オンパレード」で、ショートカットにシルクハット、タキシード姿で登場し、その水も滴る美男ぶりで観客を魅了。〝男装の麗人〟と呼ばれ、トップスターとなった。

ターキーを中心とした松竹楽劇部の人気は、宝塚に比肩するほどになっていった。そもそも、大阪松竹楽劇部は宝塚少女歌劇団に対抗して作られたもので、東京にも楽劇部を発足させたのも、宝塚が東京で「モン・パリ」を上演（昭和二年）し、喝采を浴びたのを見てのことだった。

前述したように「東京踊り」とターキー人気の爆発により、松竹は浅草レビューの中心的存在になったが、昭和七（一九三二）年十月、ついに宝塚少女歌劇団が本格的に進出、新橋演舞場で華麗なステージを展開し、観客を熱狂させた。松竹がこれを黙って見ている筈がない。翌年十一月、松竹楽劇部は松竹少女歌劇部（ＳＳＫ、のち松竹少女歌劇団ＳＫＤ）と改称し、東京劇場で「らぶ・ぱれいど」を上演して対抗した。このとき宝塚は新橋演舞場で「ブーケ・ダムール」の上演中で、東劇と演舞場は築地川を挟んで建っていたため、世間では〝女川中島〟とはやし立てた。

以後、東宝と松竹のバトルは「川中島の合戦」同様長く続く。東宝が、昭和九（一九三四）年日比谷に東京宝塚劇場をオープンさせれば、三年後松竹は浅草に東洋一の国際劇場をドーンと建ち上げた。またファンも、宝塚には山の手のお嬢様が多く、ＳＫＤは下町の娘たちが夢中になるといった具合いで、ファン気質もハッキリ分かれていた。

ところで松竹には、東宝とのバトルのほかにもう一つの熱い戦いがあった。〃女川中島〃と騒がれた翌年、昭和八（一九三三）年の六月十六日、松竹少女歌劇部の部員がストライキに入ったのである。部員とは、つまりレビューガールのことである。約二百三十人のレビューガールの先頭に立ったのが〃男装の麗人〃水の江滝子だった。何とこのとき水の江は十九歳。他のレビューガールたちも大半が十代の少女だったが、彼女たちは経営側に待遇の改善を求め、二十六カ条の要求書を提出した。その中には「女生徒を酷使するな」とか「衛生設備の完備」といった要求というよりは切実な訴えも含まれていた。

だが、これを会社側は拒否したため、レビューガールたちは一斉にストに突入したのである。

ストの切り崩しをはかる会社側は水の江らに解雇通告し、少女歌劇部《SSK》を解散すると発表。代わって松竹少女歌劇団《SKD》を設立した。華やかなＳＫＤの名前の裏には、じつはこのようなドラマが秘められているのである。

結局、会社側と争議団の間に「公休日の制定」や「衛生設備の完備」を含む覚え書きが交わされ、一カ月余のストライキ騒動に終止符が打たれた。レビューガールたちの決起がなかったら、国際劇場は果たして〃東洋一〃の劇場になっていたかどうか。衛生設備が完備されていればこそ、それに負けない舞台装置や客席が設けられ、〃東洋一〃と誇れる劇場が出来上がったともいえると思うのだ。

だが、そのことより、驚くべきは水の江滝子である。争議は終結したものの、争議委員長の水の江自身は謹慎処分となり、舞台に復帰できたのは、三カ月後の十月だった。復帰第一作の『タンゴ・ローザ』で水の江は伊達男を演じ、大好評を博す。これは、実に百六十回という公演記録をうち立て、水の江は少女歌劇を黄金時代へと導いたのである。

資料の写真の水の江は、単なるレビュー用の伊達男ではなく、凛とした美しさを見せている。私の知っているターキーは、NHKテレビの「ジェスチャークイズ」の小太りのおばさんだ。化粧気は全くなく、自分のことを「あちし」といい、よく笑い、サバサバした人柄という印象である。たしかに男っぽかったが〝男装の麗人〟というイメージからは遠かった。凛とした美貌のターキーを知らない世代であることが、ちょっぴり残念である。

昭和五十七(一九八二)年一月十五日から四月五日まで、浅草国際劇場でSKDの最後の公演が行われた。ミュージカルの台頭により幕を下ろした日劇につづき、国際劇場も閉鎖することになったからである。踊り子たちは活躍の場を地方公演や海外に求めることを余儀なくされ、国際劇場は取り壊され、ホテルが建った。

宝塚劇場も平成九(一九九七)年十二月で六十四年の歴史を閉じたが、二〇〇一年一月、新世紀の幕明けと共に、装いもあらたにお目見えするという。信玄と謙信は、ついに雌雄を決し得なかったが、〝女川中島〟では、勝者と敗者が明らかになった、といえよう。

# 早実グラウンド

「早実」こと早稲田実業高校が創立されたのは明治三十四（一九〇一）年のこと。まさに二十世紀とともに産声をあげたわけだが、野球部の誕生は四年後の六月である。

早実野球部といえば、甲子園大会の常連校といってよいほどの強さを誇り、全国に名を知られているが、とりわけ荒木大輔投手を擁した昭和五十年代は、〝大ちゃんフィーバー〟が津々浦々にまきおこった。松坂大輔（西武ライオンズ）のダイスケという名が、この荒木の名に因んで名付けられたことは有名な話である。

有名といえば、〝世界の王〟こと王貞治が、この早実の出身であることを忘れてはならない。このグラウンドで王は汗を流し、その王に一本足打法を指導した荒川博も、ここで白球を追った。ほかにも榎本喜八、醍醐猛夫、徳武定之、大矢明彦、田野倉利男、川又米利、石井丈裕といったプロ野球選手を輩出した早実グラウンドだが、二〇〇一年、消える。早稲田実業高校が、現在地（東京都新宿区）から東京・国分寺市への移転計画を進めているのである。

栄光のグラウンドの跡には、高層マンションが建設される予定とか。また一つ、歴史が閉じられてゆく。

## 利根の渡し

茨城県波崎町《はさきまち》と千葉県銚子市を結ぶ利根川の渡し船が、平成八（一九九六）年一月三十一日をもって運航を終えた。

渡し船というのはそのほとんどが江戸時代に始まったと思われるが、波崎―銚子渡船の誕生は明治四十（一九〇七）年のことである。ほかに交通機関もなく利用者は年とともに増加、ピークの昭和三十七（一九六二）年には年間利用者が延べ二百八十万人にも達した。

だが皮肉にも、この年の十二月、渡船より約七〇〇メートル上流に銚子大橋が完成した（総工費八億五千万円、工期二年九カ月かけた全長一四五〇メートルの道路橋は、当時日本最長を誇った）。

これを境に、渡し船の利用者は減少の一途。年々、赤字もかさみ、平成八年、ついに八十九年の歴史に幕を下ろすこととなったのである。

# 青函連絡船

明治三十九（一九〇六）年、鉄道国有法により、日本最初の私鉄である日本鉄道会社が国有化された。これにともない二年後の明治四十一年から、青森—函館間の青函連絡船は国鉄直営となった。

それから八十年、本州と北海道を結んできた青函連絡船は、昭和六十三（一九八八）年三月十三日、最後の連絡船・羊蹄丸を函館港から見送って、廃止となった。〝消えた演歌の世界〟と報じられたように、青函連絡船八十年の歴史の中には、人生の悲喜交々のドラマがこめられているが、特筆すべき悲劇は何といっても昭和二十九（一九五四）年九月に起きた台風十五号の直撃による洞爺丸の遭難事故であろう。犠牲者は一一五五名にのぼり、九月二十七日早朝の函館港は、見渡す限り累々たる死体で、地獄のごとき様相を呈した。

そのような歴史に残る悲劇をのりこえて、青函連絡船が八十年間に運んだ旅客数は一億五五四五万人をかぞえ、航行距離は延べ七八八四万キロに及んだ。

青函連絡船に代わり、乗客を運ぶことになったのは世界一長い五三・八五キロの海底トンネルを走るJR津軽海峡線である。青函トンネルは総工費約七千億円、工期二十五年を費して完成。羊蹄丸がさびしく汽笛を鳴らしたその日、賑々しく開業した。

なお、この年は瀬戸大橋の児島・坂出ルートも開通し（四月十日）、宇高連絡船も八十年の歴史を閉じた。

# 万世橋駅

万世橋駅が甲武電車（中央線）の起点として開業したのは、明治四十五（一九一二）年四月。万世橋駅は、神田須田町交差点に面して建てられたのだが、ここは〝都会の親不知〟といわれたほど電車の四通八達した十字街だった。市内電車――品川・上野線、三田線、新宿線、深川線、青山線、江戸川線――が交差し、乗換え場所でもあったから、万世橋駅は一大ターミナルとして、東京市の中心的な存在となった。

駅舎は、赤煉瓦と御影石を用いたネオ・ルネッサンス式の豪華な外観で威容を誇り、二階には事務室をはじめ待合室に、食堂まで設けられていた。

この素晴らしい駅舎の設計は、日本銀行本店を設計した（明治二十九年）辰野金吾。日本の近代建築を主導した人物である。ところが皮肉にも、同じく辰野の設計による東京中央停車場（東京駅）が大正三（一九一四）年十二月、丸の内に開業してからは、年々、利用客が減り〝東京の中心〟駅の座を奪われてしまった。関東大震災（大正十二年九月一日）で駅舎も倒壊し、辛うじて営業は続けられたが、昭和十一（一九三六）年、交通博物館が設けられ、昭和十八（一九四三）年には、ついに廃駅となった。

## 赤バイ

自動車の急増にともない、交通事故と道路破壊が問題化し始めたため、警視庁は交通専任の巡査百名を配置することに決めた。大正七（一九一八）年一月より、赤色のオートバイが登場し、東京の街を走り回った。自動車が急増したといっても、一、二台通ったあと、しばらくは自動車の姿が見えないといった程度。街中《まちなか》を走り回る赤いオートバイは相当に強烈な印象を与えたに違いなく、すぐさま〝赤バイ〟と呼ばれるようになった。

〝赤バイ〟から〝白バイ〟にかわったのは昭和十一（一九三六）年のこと。すでに自動車の量も増え、交通事故も増加する一方だったので、オートバイの色を夜でも目立つ白に塗りかえたのだという。

こうして〝赤バイ〟は十九年で姿を消した。

# 同潤会青山アパート

関東大震災後、被災者救済のために内外からの義捐金《ぎえんきん》の中から一千万円を基金として設立された半官半民の財団法人が同潤会である。

同潤会は、復興計画の住宅政策部門をうけもち、東京に十三カ所、横浜に二カ所、計二千四百九十二戸のアパートを建設した。

その同潤会アパートの中で一番最初に完成したのが東京・表参道の青山アパート。昭和二（一九二七）年九月、十棟、百三十八戸が出来上がったが、「はたして入居希望者がいるのか」という関係者の心配をよそに多数が殺到した。

鉄筋コンクリート三階建てで中庭が設けられ、部屋は2Kと3Kの二タイプ。当時としては珍しいダストシュートや水洗トイレも完備、西洋ふうの本格的アパートであり、日本の集合住宅のさきがけとなった。著名人も多く住み、名投手スタルヒンも一時ここの住人だったという。

東京が戦火に見舞われたとき、青山アパートは耐火住宅の面目躍如、生きのびたが七十年という歳月には勝てず、老朽化が進み、平成十一（一九九九）年十二月、立て替えられることが決定した。新世紀には、商・住複合ビルとしてお目見得するはずである。

## 博物館動物園駅

エジプトのピラミッドを思わせる段状の屋根と重厚な石造り（実は石貼りの壁なのだそうだが）から、〝上野の国会議事堂〟とも呼ばれていた京成電鉄の博物館動物園駅は、昭和八（一九三三）年に開業した。

〝上野の山は文化の森〟といわれるように、日本初の動物園である上野動物園、東京国立博物館、東京都立美術館、科学博物館、東京芸大などの文化施設が点在する環境に設けられた駅らしく、それにふさわしい外観となっている。

地下鉄の出入口に架けられた上屋だから小さな建物にすぎないが、石貼りの外壁に、入り口に立つ二本の円柱、内部の天井はローマのパンテオンを連想させるドーム型で、荘厳な感じを与えている。

その本格的建築を一目見ようと、建築を学ぶ学生もやって来たそうだが、何といっても、この駅が人波であふれたのはパンダブームに沸いた昭和四十七（一九七二）年から四十九年にかけて。とくに、四十九（一九七四）年の初夏は、東京国立博物館で開かれたモナ・リザ展に百五十万の人が訪れ、博物館動物園駅は空前絶後の賑わいをみせた。

しかし平日は、おもに芸大の学生が利用する程度。平成九（一九九七）年三月三十一日、営業を中止し、六十四年の歴史に幕を閉じた。

# 旧国鉄本社ビル

旧国鉄の長期債務返済のため売却することになった本社ビルが、「歴史的建造物なのでぜひ見ていただきたい」と一般公開されたのが平成九（一九九七）年十一月七日、八日のことだった。売却されれば取り壊されるので丸ビルと並ぶ日本の代表的建築を、人々の眼に焼きつけておいてほしいという国鉄清算事業団の願いであった。

旧国鉄本社ビルは千代田区丸の内一丁目にあり、丸の内オフィス街の一画をになってきた。建設は昭和十二（一九三七）年のこと。「ビルディング」という呼称の始まりとなった東京海上ビルディング（大正七年竣工）や、通称〝丸ビル〟で親しまれる丸の内ビルヂング（大正十二年竣工）に遅れをとったものの、男性的で重厚な旧国鉄本社ビルは〝鉄道の総本山〟と呼ぶにふさわしかった。

補強のために昭和初期の鉄道のレールが埋め込まれ、屋上には鉄道事故などの殉職者をまつった鉄道神社もあったが、ビルの取り壊しとともに、すべて歴史の彼方に葬られてしまった。

今、東京駅の駅前は再開発が進んでいる。グッチやプラダ、エルメスといった有名ブランド店が軒並み進出、二〇〇二年八月をメドに、オフィス街から一大ファッションビルが建ち並ぶ街に変貌中である。

## 輪タク

燃料不足の戦後、輪タクが庶民の足として大活躍した。

輪タクとは、銀輪（自転車のこと）の輪と、タクシーのタクを合成したことばで、人間がペダルをこいで人を運ぶ乗り物である。

輪タクは、昭和十七（一九四二）年に東京・本所の山森十吉という人物が考案したとも伝えられるが、戦後、庶民の足となった輪タクとは趣きを異にするようだ。初期の輪タクは「人力車」の前に自転車をつけたような形だが、タクシーとして街中を走り回ったのはジュラルミン製の箱車を自転車が引っ張るスタイル。一見、自転車で家庭用サウナ風呂を運んでいるように見える。

ジュラルミン製の箱には二人乗ることができ、料金は二キロまで十円（のち一キロ、二十五円）と、都電・都バス（五十銭）に比べて高かったが、小まわりが利いて便利なため、大いに利用された。

最初に東京で輪タクの営業が始まったのは昭和二十二（一九四七）年二月十日のことだが、これがすぐさま大阪・名古屋にも普及し、昭和二十四（一九四九）年には全盛期を迎えた。輪タクは、全国で一万三千台、業者は七十社を超えた。

だが翌年六月一日、都内の輪タクが免許制となり、約百社、四千台あったのが十一月にはたったの二社に減り、台数は二千に半減していた。代わって急増してきたタクシーに蹴散らされるように、輪タクは消えていった。

## 川崎球場

汚い、狭いといわれつづけてきた川崎球場（神奈川県川崎市）が、とうとう平成十二（二〇〇〇）年三月末日で閉鎖、取り壊されることになった。

ボロ球場とさんざんにいわれた同球場だが昭和二十七（一九五二）年四月に誕生したときは頑丈な鉄筋コンクリートの内野スタンドをもった近代的な球場だった。二年後には高橋ユニオンズの本拠地となり、その翌年、大洋ホエールズのホームグラウンドに。そして昭和三十五（一九六〇）年には、ここで三原脩監督率いるホエールズが初優勝を果たした。王貞治が一本足打法にしてから初本塁打を放ったのも、通算七〇〇号を達成したのもここ川崎。野球だけではない、力道山や大仁田厚のプロレス興行も行われた。

数々の熱いドラマを見せてくれた川崎球場は老朽化がすすみ、震度6の地震に耐えられないという調査結果に、川崎市は閉鎖を決定したのである。

解体される川崎球場に、最後のお別れをしようと、二月二十六日「川崎球場オリオンズさよならイベント」が開かれた。ロッテオリオンズ（現千葉ロッテマリーンズ）のOB選手による紅白試合が行われ、つめかけた二千人のファンが選手の好プレーに歓声をあげた。記念写真をとったり、キャッチボールをしたり、ファンとOB選手との熱い交流によって川崎球場は幕を閉じるはずであったが、三月九日、川崎球場正面入り口のプレートが盗まれていることが判った。川崎球場と名称変更される前の「川崎スタヂアム」という文字が刻まれた木製プレートで、昭和三十（一九五五）年ごろに設置されたという、いわば川崎球場の歴史をとどめる品の一つ。川崎市は思い出の品として永久保存する予定だったそうだが、心ない熱狂的ファンによって、川崎球場の最期は、後味の悪いものとなった。

## ロマンスカー「3100形」

東京・新宿―箱根湯本間を結ぶ直通電車〝ロマンスカー〟（小田急電鉄）が、運転を開始したのは、昭和二十五（一九五〇）年八月一日。この初代ロマンスカー3000形（SE車）は七年後、東海道線の静岡・函南―沼津間の試運転で時速一四五キロという狭軌としては世界最高の速度を記録し、世間を驚かせた（昭和三十二年九月二十七日）。

あとをうけたのが、3100形（NSE車）である。昭和三十八（一九六三）年三月、運転席を二階に上げ、先頭部分には展望席が設けられた3100形は華麗にデビューした。

この展望席付き二階建て車両ロマンスカーは、子ども連れの夫婦や、若いカップルの人気となり展望席の取り合いも激しかった。

斬新なデザイン、鮮やかな色調、先進的な技術が高く評価され、翌昭和三十九年には「鉄道友の会」のブルーリボン賞を受賞したが、平成十一（一九九九）年、ロマンスカー花形の座を30000形（EXE車）に譲り、七月十六日限りで引退した。

# 新幹線「０系」

〝夢の超特急〟といわれた東海道新幹線が昭和三十九（一九六四）年十月一日、開業した。着工から五年、東京オリンピックの開催を九日後にひかえたぎりぎりの辷《すべ》りこみ開業だった。

この開業当初の初代新幹線が「０系」車両である。最高時速は二一〇キロ。それまで在来線で六時間半かかっていた東京—新大阪間を四時間で走り、翌年からは三時間十分に縮めた。世界最速というだけでなく、お椀を伏せたような先頭の丸みが何とも愛嬌があり、〝団子っ鼻〟と親しまれた。

昭和六十一（一九八六）年までに三、二一六両が造られたが、二階建ての「１００系」（昭和六十年）、初代「のぞみ」の「３００系」（平成四年）、最高時速三〇〇キロの「５００系」と新型車両が登場し、「０系」は「こだま」専用となっていった。

平成十一（一九九九）年三月には先頭が細長く〝カモノハシ〟と呼ばれる「７００系」が東海道・山陽新幹線の運行を開始し〝団子っ鼻〟の「０系」は同年九月十八日限りで東海道区間から姿を消した。山陽新幹線だけは、走りつづけているが、二〇〇六年には完全引退という。

また「０系」車両のあとを追うように、新幹線の食堂車も、平成十二（二〇〇〇）年三月十日かぎりで姿を消した。新幹線が食堂車のサービスを始めたのは昭和四十九（一九七四）年秋のことだから、約四半世紀の歴史に幕、ということになるが、日本初の食堂車から数えれば約一世紀。明治三十二（一八九九）年五月、神戸―三田尻間で食堂車を連結、その二年後に東海道線も食堂車サービスを始めており、新幹線食堂車が百年の節目に消えてゆくというのも、何か象徴的である。

# 上野駅　18番ホーム

ＪＲ上野駅の18番ホームが廃止されることになり、平成十一（一九九九）年九月十一日、最終列車となる東北行の特急列車を見送る人たちで、いつもは閑散としているホームが賑わった。

18番ホームがつくられたのは、昭和のいつ頃かはっきりしないが、北の玄関口として親しまれたホームの一つである。アメリカンドリームならぬジャパニーズドリームを夢みて首都をめざした若者や、職を求め妻子を残して上京した出稼ぎ労働者たちが降り立った、希望と不安が綯《な》いまぜになったホームだった。

昭和三十二（一九五七）年、地方の中卒者を都会で就職させようという労働省の政策により、集団就職が活発化してゆき、団塊の世代が中学を卒業した昭和三十五（一九六〇）年は、好景気に沸き求人が殺到、〝金の卵〟と呼ばれた少年少女を乗せた列車が、上野駅18番ホームに次々と辷《すべ》りこんできた。

〝金の卵〟を運ぶ就職列車のピークは昭和三十八（一九六三）年で、全国で七八、〇〇〇人を運んだという。18番ホームの廃止に関する報道はどれも『ああ上野駅』（井沢八郎）の「どこかに故郷のかおりをのせて……」を引用し、美化したものばかりだったが、ピーク時の十月十三日付の『朝日新聞』には、「集団列車と言うのはものとして運ばれるみたいだし、上野についてからは配給されているといった感じでいやな気持だった」という少女の意見が載せられている。

希望や不安だけではない、もっと複雑な心境も知っている18番ホームだからこそ、懐かしく思う人がおり、ホームを保存してほしいという声もあがるのだろう。

とまれ、集団就職列車が姿を消してから丁度二十五年、18番ホームは廃止された。

# 第四章　静かに消えていったお仕事

# 点灯夫

私は、点灯夫というものに、非常な思い入れがある。灯りを一つ一つ点けてゆく。それは哀愁の中にも望みがこめられていて、嬉しい作業である。だが、灯りを一つ一つ消してゆく作業は、本当の希望に満ちた朝を告げるものでありながら何故か悲しい。

この単純な作業をくり返す点灯夫に、いつごろからか私はかぎりない愛着を覚えていたが、日本にも点灯夫という職業があったことを、うかつにも気付かずにいた。

今からちょうど百年前に生まれたフランスの飛行家で作家のサン＝テグジュペリは、その短い生涯（一九〇〇―一九四四）の中で五つの作品を書いた。代表作は、フェミナ賞を受賞した『夜間飛行』（一九三一）か、アカデミー小説大賞に輝いた『人間の土地』（一九三九）というべきだろうが、しかし最も読まれているのは、童話『星の王子さま』（一九四三）である。

童話というのは、そもそも子どものために作られたお話である。しかし、作者の死の前年に書かれたこの『星の王子さま』は、大人のための童話といってよいくらい大人に読まれている。サン＝テグジュペリ自身が描いた王子さまの姿は、いかにも無垢で愛らしく、あたたかくやさしい文章は、子どもの心より、むしろ傷つき疲れた大人の心に沁み入るからだろうか。

日本では『星の王子さま』は昭和二十八（一九五三）年に翻訳・出版され、またたく間にブームとなった。女子大生が小脇にかかえ、OL（当時はBGといったが）が、星の王子さまに憧れ、中高年の婦人も子どもや孫のためではなく、自分自身のために買い求めた。自分が読んでから、あらためて、子や孫にプレゼントするために買い直すというふうだった。

だが『星の王子さま』は、女性や子どもだけに人気で、一時的ブームに終わるものではなかった。

かつて、落語家の三遊亭円楽は、その長い顔を思いっきりほころばせて自称〝星の王子様〟のネタで笑いをとっていたし、星野伸之投手（当時、阪急ブレーブス）が目ざましい活躍をしたとき、スポーツ紙が〝星野王子様〟と書きたてたことを思い起こせば、『星の王子さま』が男性社会にも浸透していたことは明らかである。

平易な文章がスーッと心の中に入ってき、読み終わったあととてもあたたかい気持ちになるとよくいうが、私は、何か大切な包みを預けられた気持ちになる。ふあっと軽いような、ずしりと重いようなその包みは、手応えも不確かなら、中身もわからない。包みを開いても何なのか覚束ないのだ。

サン＝テグジュペリについて言及することの多い作家の北杜夫は次のようにいう。

これは童話ではあるが、この作者の生涯を凝縮したような作品の真髄を本当に理解できるのは四十歳以後なのではあるまいか。

本を読んだり書いたりするプロが、人生経験を積んだ四十歳以後でなければ『星の王子さま』を本当に理解することができないというのである。私のごときがわからなくて当たり前。包みをほどいては結び、何度でも読み返せばいいのだと、ほっと胸をなでおろす思いである。

ところで『星の王子さま』の中で、いちばん印象に残るエピソードといったらどれだろうか。まっ先に語られるのが、ウワバミが象を呑み込む絵を描いたら……という話である。これこそが『星の王子さま』を解くカギといった取り上げられかたをされることが多いが、私の心にもっとも強く刻み込まれたのが、五番目の星の街灯と点灯夫の話である。

この五番目の星は、王子さまがたずねた中でいちばん小さな星で、街灯と点灯夫しかいない。この星で点灯夫はじつに忙《せわ》しく街灯の火をつけたり消したりしていて、王子さまの質問にも答える隙《いとま》がないくらいなのだ。

シジュフォスに課せられた罰のように永遠につづく空しい作業を、額に汗しながら

「や、おはよう」

「や、今晩は」

と、懸命につづける点灯夫に、私はすっかり魅《み》せられてしまった。

だが、点灯夫は私にとってはまだ現実のものという実感はなく、物語や映画の中にだけ存在するものだった。それが、あるとき、日本にも、点灯夫がいたことを知って、私は躍《と》び上がるほど嬉しかった。

日本に点灯夫が登場したのは明治の初めである。明治七（一八七四）年十二月十八日、銀座表通りに八十五基のガス灯がともった。このときが、日本に点灯夫が登場した初めである。

〔厳密にいえば、これより二年前、横浜の馬車道から本町通りに点った十六基のガス灯が、日本で最初のガス街灯である。だが点灯夫の記述が見えるのは、銀座のガス灯なので、これを、初登場とみなしておく。〕

明治七年といえば、銀座の表通りに面した一等煉瓦家屋がだいたい建築完了したといってよい時期である（二・三等の背後の煉瓦家屋が完成するのは明治十年ごろ）。十五間（二十七メートル）と定められた本通りの両側には日本で初めての歩道が設けられ、車道と歩道の間に、桜、柳、松などの街路樹が植えられた。そこに設置されたガス灯のゆらめく光は、当時の人々を驚かせるに十分だった。

初期のガス灯は、単にガスに火を点しただけの裸火で、青白いその光は今日から見れば心もとないものだが、ローソクや種油の灯りを頼りとしていたそれまでの日本人の眼には、夜の闇から抜け出たような革命的な明かるさだったのだ。

実は、これより三カ月前の九月一日、日本橋は本石町河岸から馬喰町四丁目間に、街灯が設置されていたが、これは石油ランプだったので、人々の目に馴染みのある橙色の光だから、それ程の驚きは与えなかった。ただ、子どもたちの間に、次のような戯れ唄が生まれただけだった。

〽 ガス　ガス　いつ建つ
　あとのランプ　先に建って
　　往来照らしょ♪

先に着工していたガス灯が、後発の石油ランプ街灯に追い抜かれたことをおちょくった唄である。

一方のガス灯は、手鞠唄に次のようにうたわれた。

一ツトセ光かがやく瓦斯燈の其《その》明り東京一面照します〱
（『郵便報知新聞』明治七年十二月八日）

煉瓦の建物（二ツトセ）や日本橋の賑わい（三ツトセ）、人力車（四ツトセ）をおさえて、まっ先にうたわれたのである。

二つの唄が示すように、ガス灯の巻き返しは、あっという間だった。銀座の表通りに次いで、翌八（一八七五）年三月には、京橋から万世橋、常盤橋から浅草間にも設置され、明治九（一八七六）年五月には、東京市内のガス灯は三百五十基を数えるまでになっていた。

その一つ一つに、点灯していったのが当時「点消方」といった点灯夫である。九尺(約二・七メートル)の点灯用棒(竹棹の先に硫黄の火がついたものという)で、火を入れて歩く姿は、夕方の風物詩ともなった。

街路の左右に、整然と建ち並ぶガス灯がいかに壮観であったことか。明治十八(一八八五)年十一月、日本政府の招待で東京を訪れたフランス海軍士官のピエール・ロティ(『お菊さん』を書いた作家としても知られる)は、新橋に降り立ち、そこから見た銀座通りの様子を次のように記している。

停車場の周囲には、煉瓦建ての高楼が、アメリカふうの醜悪さでそびえている。ガス灯の列のために、長い真っ直ぐな街路は遠方までずっと見通される。

「煉瓦建ての高楼」と記されているが、今のような高層ビルとは違う。建物にガス灯が埋没することなく、遠くまで並び連らなるさまは、想像するだけでもワクワクする。

ガス灯といえば、石畳みと煉瓦造りの建物が切っても切れないが、ロティが「醜悪」といっているように、当初、銀座煉瓦街は不評であった。たとえば、ロティより十一年前、すなわち銀座通りの一等煉瓦家屋がほぼ完成した明治七(一八七四)年春に来日したスコットランドの宣教医師ヘンリー・フォールズは、次のように述べている。

レンガをしっくいで固めた通りが東京の中心を走っている。(中略)この通りはかつては美しい街道であったが、平凡な赤レンガでできたみすぼらしい道路になってしまい、下駄を鳴らせて通る人がよくつまずく。

ハイカラの象徴、洋風二階建ての銀座煉瓦街は外国人の眼には、つまらない街並みとしか映らなかったようだ。『東京新繁昌記』に「英京の倫敦《ロンドン》を摸し、街道は仏京の巴黎《パリ》を擬し」と誇らし気に書かれた銀座も全くカタ無しである。『モンパルナスの灯』や『ガス燈』、『ライムライト』などの映画を手がかりに、想像を逞しゅうして往時の銀座通りを思い描く私にとっても、残念な記述である。

確かに煉瓦家屋は、出来上がった当座は湿気が多く、衣服にはカビが生えるし、商品は痛みやすい。体の調子もよくないで、入居者が居つかず、銀座はガラガラだったというが、銀座煉瓦街の建設計画から五年たった明治十（一八七七）年ごろには、煉瓦街工事はほぼ完了し、東京市内のガス灯は三百五十基を数えるようになっていた。

東京における都市ガス事業は明治七（一八七四）年のガス灯事業で、翌年、東京府に設けられたガス局に移管された。東京府はガス事業の拡大をはかり、明治十八（一八八五）年には、そのガス局を民間に払い下げた。東京瓦斯の成立であり、その後の十数年、ガス灯は全盛時代を迎える。

明治二十四（一八九一）年には白熱マントルが使用されるようになって、明かるさが増し光力も安定した。ゆらめく灯りの方が幻想的で素敵な気がするが、街は一段と明かるくなったわけだし、当時の人にとっては喜ばしいことだったろう。何よりも揺れない灯火は便利で有難い。ガス灯は明治三十（一八九七）年ごろから街路灯としてだけでなく、一般家庭の灯火としても使われるようになった。

さらに、明治三十六（一九〇三）年、下向き白熱マントルが輸入され、光度は著しく増加した。

だが皮肉なことに、このころから電灯の普及が始まっていた。エジソンが白熱電球を発明してからわずか九年後の明治二十一（一八八八）年十二月、日本の銀座界隈に電灯がともるようになっていた。もちろん、まだまだガス灯には及ばず、ランプも使われていたが、安全性や明かるさから、電灯は着実に普及していった。

とりわけ関東大震災（大正十二年九月一日）を境に、爆発や火事の危険性の少ない電灯は普及の度合いを一気に強めた。最盛期は東京市内だけでも約五千七百基あったガス灯が電灯の普及におされ、昭和の初めには姿を消したのだった。

人々が昭和の終焉を予感し始めた昭和六十（一九八五）年、ガス灯が銀座に復活した。たった四基だが、銀座三丁目に明治時代のガス灯そのままに復元され、十月三日の夕刻、点灯式が行われた。嬉しいことに、昭和初期まで実際に点灯夫をしていた人物が、その当時のいでたちで、四基のガス灯に火を点した。八十歳という高齢ながら、半纏に腹当てという恰好はいなせで、往時がしのばれた。

しかし、点灯夫がガス灯に火を点けるのはこの日だけ。翌日からは自動点火となり、今度こそ点灯夫は歴史の中に消えたのである。

ガス燈
点灯棒
点灯夫

# 手信号

原稿用紙に向かうと、つい余所行きになって「手信号」などと書いてしまったが、私が懐かしく思いうかべるのは「交通整理のおまわりさん」である。

といっても、ピーッ、ピッと笛《ホイッスル》をふいて見事な手振りで車を止めたり動かしたりするおまわりさんを実際に見たという確かな記憶が私にはない。

それでも目《ま》の当たりにしていたような気がするのは何故か。恐らく雑誌や映画の中で、ひんぱんにおまわりさんの姿を見たに違いない。むかし、映画館は本篇の前に「ニュース映画」を上映した。「国際ニュース」とか「トピックス」とか、多分配給映画会社によってタイトルが違っていたのだと思うが、国の内外のニュースを短くまとめたニュース映画があったのだ。そんなニュース映画で、私は交通整理のおまわりさんの姿を見たのだろう。

と言うと、同世代の夫は驚く。そんな筈はないだろう、と。信号機がつくまで、おまわりさんがピッ、ピッとやっていた姿をはっきり覚えていると言い、私の記憶の悪さを詰《なじ》るような口吻《くちぶり》でさえある。

夫は山口市出身で、山口市役所(現・郵便局)前と、山口大学(現・山口市役所)前に信号機がつくまでは、おまわりさんが、ホイッスルを鳴らし、腕を前に折り曲げ(それは今おもうとウルトラマンのシュワッチのようなポーズだった、と懐かしんでいる)て、交通整理をしていたというのである。

そして、市内に初めて信号機がついたとき、社会科の授業中にわざわざ見学に行き、信号に従った横断のしかたを学んだという。青になると、ブーッと音がして怖かったので、皆なかなか渡ろうとしなかったそうだ。慣れてくると、当時交通量は極めて少なく、いくらでも信号無視できたのに、子どもたちはきちんと信号を守った。お行儀がよかったのではない、新しくついた信号機が嬉しかったのだという。

青に変わるまで待っている間、前方にそびえるザビエルの塔が目にくっきりと映っていたことを、今もあざやかに覚えていると夫はいう。(このザビエルの塔は平成五年に焼失、のち寄金により、新しく建てかえられた)

信号機がついたのは夫が小学三年生のころ、つまり昭和三十二(一九五七)年ごろのことらしい。

その当時、東京ではすでに神風タクシーが街中《まちなか》を我が物顔に走り回っていた。四、五年後には「交通戦争」ということばが流行語になり、パブリカやサニー、カローラなど大衆車が続々と発売されてマイカー時代の幕開けを告げた。東京では、日本もいよいよモータリゼーションの時代に突入だな、というのが実感である。このタイムラグを考えれば、私の記憶ちがいというのでは、なさそうだ。

ところで、山口市役所前の例を見るまでもなく、信号機の普及によって、交通整理のおまわりさんは姿を消した。つまり交通整理は、まず手信号によって始められたと思っていた。

ところが、歴史をひもといてみると、手信号と信号機の誕生はほぼ同時なのである。明治三十三（一九〇〇）年の道路取締規則に「通行者は警察官署のもうける榜示《ぼうじ》（標識）に従う義務を課す」という主旨の記述が見られるが、とくに交通整理らしきものが行われた様子はない。

明治四十四（一九一一）年、東京市営電車が運転を開始したとき（東京鉄道㈱を市が買収）、手旗と手提げ色灯により電車信号は始まったが、自動車《くるま》の方は、まだだった。それから十五年後の大正八（一九一九）年、上野広小路の交差点に「進メ」と「止レ」の信号標板がとりつけられた。これが、信号機の走りであるが、時を同じくして「挙手の合図」による交通整理も行われ出した。いわば、信号機と手信号は二卵性双生児みたいなものなのだ。

この双児《ふたご》が生み出されるには、それなりの理由というか、時代背景があった。大正八年（一九一九）といえば、全国統一の自動車取締令が公布された年、（なんと最高時速24キロと定められていたそうだ）。三月一日には、東京市街を青バスが走り始めている（「赤襟嬢」参照）。大げさに言えば、いよいよ日本も来たるべき車社会への端緒をひらいたといってもよい記念すべき年だったのである。

とはいえ、九月一日、上野広小路に設置された「止レ」「進メ」の交通信号台は、木製回転式のじつに原始的なものだった。それでも少しずつ工夫され、三年後の大正十一（一九二二）年には、東京の主要交差点に、赤と緑の円板に「止レ＝ＳＴＯＰ」「進メ＝ＧＯ」と書かれた交通整理機が設置された。

さらに、昭和二（一九二七）年には、俗にバタン式といわれた交通整理機が登場、十一月に東京日比谷の交差点に設置されたのを手始めに、全国の主要都市に設置普及した。このバタン式とは、「進メ」と書かれた円板が上に、「止レ」の円板が下にとりつけられていて、「進メ」から「止レ」に変わる前、「進メ」の円板を真ン中から折り曲げて「注意」の文字が出るようにしたものだ。この折り曲げの際、バタンという音がするため、バタン式といわれたのである。

このバタン式が普及する間も、行灯《あんどん》式やまわり灯籠のようなものなどが登場、苦心のほどはわかるものの、いずれも、おもちゃを手づくりするような工夫であった。

やはり、昭和五（一九三〇）年の自動信号機の出現が、近代的な信号の始まりであろう。赤灯に「止レ」、黄灯に「チウイ」、青灯に「ススメ」と書かれた色灯式のこの信号機はアメリカから輸入されたもの。まず日比谷交差点で試用された。このテスト期間を経て、昭和六（一九三一）年八月十八日、銀座四丁目、京橋、神保町、御徒町の四カ所に正式に設置された。翌年末には、東京市内の自動信号機は四十一基を数えるようになっていた（手動式は百二十三基）。

昭和に元号が変わったころから、市街の交通量は急増していたが、このころには、新聞紙面に「往来地獄」の文字が躍るほど、交通事情は悪化していた。自動信号機のアメリカからの輸入は切羽詰まってのことだったのだ。

信号機だけでなく、手信号についても検討されていた。昭和五（一九三〇）年、「交通整理の信号方法に関する件」が定められ、それまでまちまちだった手信号が統一されたのだ（四月二十六日より実施）。

と、ここでびっくりである。まさか、手信号がてんでバラバラ、勝手に行われていたとは思わなかったからだ。プロ野球の審判のジェスチャーが、時折り話題になることがあるが、自己表現《パフォーマンス》がかちすぎて、ストライク、アウトの判断《コール》のタイミングがズレると、ファンや選手から文句が出ることがある。スポーツゲームでさえ、こうなのに、人命にもかかわる交通信号が、めいめい勝手にやられたのではかなわない。実際に命を落としたという記述はないが、巡査の指示が不明瞭で、運転手がまごついて、クルマを信号台にぶつけたというようなことはあったという。

信号機の設置も、手信号による交通整理も、どちらも現実の交通事情に遅れをとっていたのである。交通巡査の数も足りず、巡査不足を補うためにとられた手段が、木の板でつくった巡査人形を交通の要所に置くことだったというから、笑ってしまう。

交通整理のおまわりさんが脚光を浴び、活躍するのは戦後である。

一時中断していた手信号が、昭和二十（一九四五）年全国の被災都市で復活した。このとき、恰好よかったのがMPだった。何しろ短軀の日本人とは違い、スラリと背の高いアメリカ人が、交差点の中央、黒と黄色の縞模様の台の上に乗り、ピーッ、ピッと空気を裂くようにホイッスルを鳴らし、あざやかな手振りで、車の通行を指示する姿は、ただただ恰好いいの一言に尽きた。銀座四丁目の交差点に、わざわざMPの交通整理を見に来る人もいたそうだ。

しばらくの間、街角では日本の交通巡査が、MPに実地指導をうける姿がみられたが、昭和二十三（一九四八）年末には、手信号の全国大会が開催されるまでになり、MPに代わって、日本の交通整理のおまわりさんの勇姿が少年の憧れの対象となっていった。

男の子のなりたい職業といえば、少し前ならバスの運転手や消防士、飛行機のパイロットに新幹線の運転士、それにプロ野球選手など。近年は、宇宙飛行士やサッカー選手が加わるだろうが、概して言えることは、男の子が憧れるのは、乗物に関係する職業だということ。警察官になりたいという子もいるが、その理由はパトカーに乗りたいから、というのが大半である。

そういう意味では、トラックやバスのような大型車から、タクシーや自家用車まで、たくさんの車の流れを自分の吹く笛と腕の上げ下げで自在にあやつる交通整理のおまわりさんに、男の子たちが憧れるのは当たり前といえた。

だが、前述したように、昭和三十年代半ばから日本はモータリゼーションの時代に突入してゆき、手信号による交通整理で処理できる交通量ではなくなっていった。

気付いた時には夥しい交通標識と信号機ばかりで、交通整理のおまわりさんの姿はなかった。

昭和五十五（一九八〇）年九月一日、防災の日に、東京を中心とする一都九県で地震を想定した防災訓練が行われた。都内の主要道路で自動車の交通訓練が行われ、クルマは時速二十キロの低速で走らされた。大正八（一九一九）年の規制（最高時速24キロ）よりもノロノロ運転だったのだ。

また、信号機が故障した場合を考えて、銀座四丁目交差点の信号機が消され、手信号による交通整理も行われた。交差点のまん中に立ち、大きく手を広げクルマに指示を出す資料写真のおまわりさんは、戦後のＭＰに劣らない堂々とした勇姿だが、ちょっぴり面映ゆそうに見えたのは、私の気のせいだろうか。

# 玄米パン売り

阪神・淡路大震災が起きたとき（平成七年一月十七日）、ボランティア活動が活発に行われ、日本には根付いていないと思われていた認識が、あらたまった。とくに、それまで駄目だ、不甲斐ないと思われていた若い人たちの、フットワークのよいボランティア活動は、若者の株を一気に上げた。

しかし、人間とは仕方がないもので、大災害にあい困っている人の足元につけこみ、一儲けしようと企む人たちが必ず出てくる。

関東大震災（大正十二年九月一日）のときもそうだった。何より必要なのが食べ物と水であり、白湯《さゆ》やすいとん、ゆであずきなどが売られたという。すいとんとゆであずきは一杯五銭、みそ汁が二杯で五銭。これが露店で飛ぶように売れたそうだ。ライスカレーや牛めしも十銭から二十銭で売られ、一杯二十銭のコップ酒売りもあらわれたというが、これは売り手も買い手も余裕があった者であろう。

切実だったのは、白湯《さゆ》売りである。茶碗にたった一杯のお湯が一銭で売られ、焼け出された人たちが押しかけ、我れ勝ちに求めたというが、焼け跡にあったヤカンを拾い、まだ燃えている火で湯をわかし、欠けた茶碗に注《つ》いで売られたというから、売り手のほうも被災しており、大変な状況だったのである。

泣かせる話もある。近郊の農家が、すいか（一切れ十銭）や梨（一コ五銭〜八銭）を売ったが、「お金のない方はタダで差し上げます」という貼紙があったそうだ。そして、実際にただで持っていく者は極めて少なかったというから、火事場どろぼうみたいな奴ばかりではないのである。

玄米パン売りも、同じく関東大震災後の焼け跡に出現した。大太鼓やトランペットを賑々しく吹き鳴らしながら、残暑の街を流し歩いたそうだ。白いワイシャツにカンカン帽、大太鼓をたたくその姿は、一見チンドン屋のようである。私の記憶の中にある「玄米パンのほ〜や、ほや〜」というのどかな売り声とはずい分違うが、被災直後は、むしろ笛や太鼓の方が人々を鼓舞して、適《あ》っていたのかもしれない。

すいとん売りや白湯売りは、一時的なもので消えていったが、玄米パン売りは、そのまま続き、一、二年後（大正十三〜十四年）には、その数はずいぶん増えていたそうだ。もう、鳴りものはなく、メガホンで「玄米パンのほ〜や、ほや〜」と呼び歩いたという。私の耳に残っている売り声は、このころ定着したということになる。

昭和三十年の初めまで、さまざまな物売りの声が町に聞こえていた。朝、「なっとお〜、なっと」という声に始まり、昼間は「きんぎょお〜〜〜、エ、きんぎょお」や「たぁけやァ〜、さおだけ」という売り声が聞こえた。そうしたなかに、玄米パン売りの声もあったのだが、ほかの物売りと同様、最盛期は過ぎていて、「あら、珍しい。玄米パン屋だわ」という感じだったように思う。

しかし、ひとたびやってくると、しばらくは定期的にやって来るようになり、玄米パン売りの来る日が楽しみとなった。でも、玄米パンは、決しておいしいわけではなかった。

そもそも玄米パンは、その名のとおり玄米粉と小麦粉を材料とした濃褐色の蒸しパンで、玄米食を勧める運動の中で生まれたものだという。江戸時代に玄米から精米した白いご飯を食べるようになってから、日本人は脚気に苦しめられるようになる。「江戸煩い」とか「大坂腫れ」と呼ばれたように、江戸や大坂、京都などで、脚気が流行した。

また、「脚気は朝露を踏め」「脚気の妙薬」といった諺が示すように昔は脚気に効く薬や治療法がわからなかった。そのまま、明治に突入し、兵士の脚気が、富国強兵策の足を引っ張った。資料によれば、日清・日露の戦時には、前線将兵の約¼が脚気にかかったといい、これは全傷病兵の半数を占めたというから驚く。

ようやく、脚気と米飯との因果関係に気付いた海軍の高木兼寛が、兵隊の食事の改良をはかり、米麦混食にしてから脚気は急速に減っていったという。

こんなふうだったから、戦前までは、つねに玄米食が提唱されており、その中で玄米パンも誕生したのである。したがって、体のために良いということが最優先であり、味などは二の次。玄米パンがおいしくないのも当然であった。

私の子どものころは、濃褐色ではなく薄い茶色。舌ざわりも温泉まんじゅうや肉まんと同じくらいのなめらかさだった。中にはあんこが入っていて、あたたかいうちに食べればふつうのまんじゅうかあんパン並みのおいしさはあった。玄米粉の割合いが少なくなっていたのだろうか。だが、冷めるとダメ。かすかに臭いがするのだ。ぬか臭いというか、油くさいというか。

私は「鼻の形は悪いが、性能はよい」と小さいころから母に言われたほど、ひとより鼻が利いた。臭いにとても敏感で、今でも冷蔵庫にしまったものは冷蔵庫くさくて（いくら庫内をきれいに掃除しても、独特の臭いが冷蔵庫にはある）、内心、がまんしながら食べているくらいだから、本当にかすかな玄米パンの臭いが気になったのかもしれない。

この臭いをとってくれたのが母だった。ご飯の炊《た》き上がりに、お釜のフタをずらし、冷えた玄米パンをすばやく入れ、フタをサッともどす。あとは別に何もしない。ただ、ご飯がむれるのを待つだけでいい。

「さあ、ご飯が出来たわよ」という声とともにお釜のフタをあけると、白い湯気の中にふっくらと二まわりくらい大きくなった玄米パンが見えた。つやつやと、買ったときよりおいしそうに光っている玄米パンを取り出し、熱い、熱いと妹と二人でキャア、キャア言いながら食べたものだった。

まず、玄米パンの底についたご飯粒を一つ一つ取り口に入れる。すっかり取り終ったら、玄米パンにとりかかるのだが、あの、鼻につくいやな臭いは全く消えて無くなっているのである。炊飯の余熱を利用して蒸《ふ》かすというのは、昔から行われていたことなのだろうが、最初、私は母を魔法使いのように思った。

我が家は他家《よそ》より遅くまで鉄の釜を使っていたが、とうとうある日、ガス炊飯器がやって来、玄米パンもこの炊飯器であたため直すことになった。蒸かし上がった玄米パンは、これまでと少しも変わりがないように見えたが、何だか味が落ちたような気がした。私の気のせいだったのかもしれないが、前のように玄米パンに胸が躍らなくなった。

コンビニで、いつもあたたまっている「あんまん」とも違う、勿論「あんパン」とも違う、あの大しておいしくもなかった玄米パンが、あんなにも幸せに感じられた秘密は、ぶ厚い木のフタをした鉄製の羽釜にあったのかもしれない。

# 赤襟嬢

「赤襟嬢」とは、東京市営バスの女性車掌につけられた愛称である。初めて赤襟嬢が登場したのが大正十三（一九二四）年のこと。このときの模様を当時の新聞は次のように記している。

十一月二十七日、珍らしい花嫁が市役所を訪れた。円太郎の改造車が出来上がったので、この間採用された女車掌さんを新調パリー風の制服で乗りこませ市会議員や交通整理委員の連中に初お目見えにやって来たのである。

仇っぽい緋の襟を紺サージの軽快な服装に覗かせた美しい女車掌〇〇さんが出てくると、拍手やざわめきが一層つのる。（東京朝日新聞）

七十六年前のこの記事は、バスガールを花嫁になぞらえ、今なら野暮ったいと映るであろう紺の制服が、最新のパリモードのようであること、そしてその制服から覗く赤い襟がエロティックだったということをつたえている。つくづく時代の差を感じるが、そういえば、時代は廻《めぐ》るというが似たようなことがかつてあった。スチュワーデスに対する憧れである。

戦後の航空輸送の発達に伴い、とくに国際線のスチュワーデスは才色兼美の代表としてもてはやされ、彼女たちの制服姿に全国の女性が憧れたのは勿論、男性諸氏も胸をときめかせていたものである。もちろん今でも、スッチーと俗に呼ばれ、羨望の的であるが、昭和四十年代のスチュワーデスへの憧れは特別であった。

それはそうだろう。スチュワーデスには誰もがなれるわけではない。高学歴、容姿端麗、語学堪能等々の条件が付され、現代の女神といっても過言ではないほどの完璧な女性が求められたからだ。赤襟嬢の採用条件もまた、厳しいものだった。十八歳以下の教養ある女性ということで、採用された三百人の女性は全員美人だったという。月給が三十五円という当時としては破格の待遇だったと聞けば、美人ぞろいというのも、あながち誇張とは思えない。多数の応募者の中から、教養もあり、見た目も好ましい女性が篩《ふるい》にかけられたのであろう。

ところで、赤襟嬢お目見えの記事の中にある円太郎の改造車についてだが、円太郎というのは、明治時代の乗合馬車の俗称であった。一頭立て（六人乗り）または二頭立て（十二人乗り）のこの小さな馬車は、最初「ガタ馬車」とか「ガタクリ馬車」と呼ばれていた。当時の道路は舗装されておらず、ガタガタとひどい音をたてて揺れたからである。

明治十（一八七七）年ごろ、橘家《たちばなや》円太郎という落語家が高座で、この「ガタ馬車」のトテ、トテ、トテーというラッパの音を物真似したのが人気を博し、人々は、ガタ馬車、ガタクリ馬車をいつしか円太郎馬車とか、単に円太郎というようになったのだった。

円太郎馬車は、市電（路面電車）の発達に伴ない次第に姿を消していったが、その市電も大正十二（一九二三）年九月一日の関東大震災によって壊滅的な打撃を受けた。地面は隆起し、レールは曲がり、復旧に時間がかかることは明らかだった。奪われた市民の足をいっときも早く取り戻すべく、東京市は翌十月、アメリカのフォード社から「T型フォード」のトラック・シャシー八百台分を輸入した。これを十一人乗りのバスに改造して、大正十三（一九二四）年一月十八日より巣鴨―東京駅、中渋谷―東京駅の二系統を走らせたのである。

だが、これもまたガタガタと走り、その不粋で野暮ったい恰好から、人々は円太郎自動車、円太郎バスと呼んだのだった。

東京市は、市電の復興と共に営業路線を整備し、新聞記事にあるようにバスの改造を行い基本料金を改正（値下げ）した。どのように改造したのかというと「座席も長さも幅も前のより一尺以上ずつ広げられ十四人乗りで、車体が前より重いため荒い街路を走っても今度は心地よ」くなったそうだ。

東京市がバス事業にこれほどまでに力を入れた背景には、〝青バス〟の存在があった。東京市より五年も前に東京市街自動車（株）が事業許可をうけ、バス営業を開始していたのである。この民営バスは車体の色から「青バス」と呼ばれ、乗車している女子車掌の制服が白襟つきの黒サージだったことから「白襟嬢」と呼び親しまれていた。震災後に市電に代わる輸送機関としてスタートした後発の市営バスは、何としても青バスに追いつき追い越さなければならなかった。

だから、普通ならバスを改良したのだから値上げするところを逆に安くし、白襟嬢の向こうを張って赤襟嬢を登場させたというわけなのだった。

赤襟嬢の採用は、青バスとのサービス競争に予期した以上の成果をあげたという。

当時の写真を見ると、赤襟嬢は最新モードに身を包んだ職業婦人というよりも、むしろ初々しく可愛いらしい感じがする。そしてカラー写真ではないせいか「仇っぽい」という襟元よりも、頭にかぶっている帽子に目が行く。深々とかぶった帽子が、何ともレトロっぽくていいのだ。

ところがどれもこれも、赤い襟に関する記述ばかりで、帽子について言及した資料がない。それが不思議でならなかったところ、嬉しいかな、平岩弓枝の次のような一文に遭遇した。

私の子供の頃といえば、昭和の初期ですが、当時のバスは今のにくらべれば、形もずっと小さく、いやに四角ばっていたような気がします。どのバスにも、紺色の制服に同じ色のベレー帽をかぶった女の車掌さんが乗っていて、切符に鋏を入れたり、次の停留所を知らせたりしていました。市電のほうの車掌さんはみんな男性なのにバスは何故か女性でした。

子どもの平岩氏の眼にも、車掌さんがかぶっている帽子は印象的だったようだ。しかしこの帽子は赤襟嬢だけの特別なものではなかった。たとえば大阪のバスの車掌も帽子をかぶっていた。

実は、民営対市営のバス戦争は東京だけでなく、大阪でも起こっていた。大阪の民営バスはやはり青バスと呼ばれ、市民の足となっていたが、ここに昭和四（一九二九）年九月、大阪市営バスが参入、戦いの火ぶたが切られたのである。挑戦者の市営バスは大阪乗合自動車の青バスに対抗して車体を銀色にし、車掌の制服も乗馬服スタイルという挑戦的なものだった。以後、客引きや景品配布など、昭和十三（一九三八）年に青バスが市営に統合されるまで、熾烈な戦いはつづいた。この青バス対銀バスの資料をひもとくと、スカート（青バス）とズボン（銀バス）の違いはあるが、どちらも帽子をかぶった甲斐甲斐しい車掌の姿が見られる。

バスの車掌というのは、当時としては女性の花形職業のように思われるが、しかしその仕事はけっこうキツかった。何しろ揺れる車の中で一日中立ちっ放しの仕事である。まっすぐ歩くだけでも大変なのに、赤襟嬢は軽やかに歩きまわり切符に鋏を入れた。この軽快な動きを、平岩弓枝は、先に紹介した文章につづけて次のように記している。

当時は道路も車体も現在のように上等ではありませんので、うっかりすると舌を嚙みそうなほど揺れることがありましたが、バスの車掌さんはその中で上手にバランスをとりながら、お客さんの所までやって来て切符を切るのです。その様子が、私にはまるでサーカスの軽業師のようにさえ思えました。

子どもの眼に、軽業師のように映った動きこそ、重労働の車掌を支える誇りでもあった。実は、私の母は結婚前、都バスの車掌をしており、その当時のことを娘の私によく語ったのだ。

本来なら、いい男性《ひと》を見つけて結婚する年頃であったが、男たちは戦争に駆り出されていき、とても家庭の幸福を夢見るような時代情況ではなかった。女も働かなければと思った母に、ある人が都バスの車掌の試験を受けたらどうか、とすすめてくれたのだそうだ。その理由は、母が美声の持ち主だったからだとか。「発車、オーライ」とか「次は○○停留所でございます」というだけなのに、声がいいのが条件だったのだろうか。母は決して自惚れの強い人ではないが、声学の道を志せと言われたこともあるとかで、声だけは多少の自信はあったらしく、すすめられるままに試験を受けたようだ。

見事、バスガールとなった母は、さっそうと紺の制服に身を包み（赤襟ではなくなっていたが）、渋谷駅前から永代橋まで毎日、五往復するバスに乗務することになった。驚くことに渋谷から終点の永代橋まで四十分〜四十五分で行ったという。青山、霞町、六本木、溜池と通り桜田門に出る。そこで日比谷に折れ、丸の内のビル街を抜け、東京駅前へと到り、さらに旧国鉄のガード下を走り人形町へ。終点の永代橋のバス停は明治座の前にあったそうだ。この距離を、今なら四十分ではとても行けない。今日《こんにち》では想像もつかないほど、道が空いていたのだろう。

それでもバスが混んで、規定の時間内に終点に到着できないことがある。すると、一分の休憩もなく、バスはすぐ発車しなければならなかった。車掌という仕事は、決して華やかで甘いものではなかったのである。

そんな母が、最大の喜びとしていたことがあった。バスが桜田門、つまり警視庁前のバス停を出ると、すぐ日比谷の方に左折する。この曲がり角で母は「皇居前でございます」と言ったというのだ。すると母の声に乗客が一斉に帽子をとり、腰をかがめお辞儀をしようとする。バスはカーブを切って曲がる。乗客の多くはバランスを失い、よろめいた。その恰好がおかしくてならず、母は内心笑っていたというのである。

昭和十六（一九四一）年十二月の太平洋戦争開始後から、車掌は「皇居前です」と乗客に告げるよう義務づけられたという。若い母は単調でキツい仕事の中で、ちょっとしたいたずらを思いつき、わざわざ曲がり角で声を掛け、乗客がこけそうになるのを見て楽しんでいたのである。

そんな話をするときの母は懐かしそうで、誇らし気でもあった。

残念ながら、乗物酔いをする体質《たち》の私は、母のようにバスガールになろうとは思わなかったが、バスガールという職業には幼い頃から親近を覚えていた。だから、バスがワンマンカー化し、車掌がいなくなることになったときは、何だかとてもガッカリした。（都バスがワンマンカーの運転を開始したのは、昭和四十年二月十六日。都内七系統の六区間）

ボンネットタイプのバスを懐かしむ人は多いが、私が懐かしいのはバスよりも、車掌さんなのである。

赤襟嬢
いつの間にか
いなくなった…。

# 紙芝居

評論家の加太こうじ氏が平成十年（一九九八）三月十三日に亡くなられた（享年八十）。私は加太氏の『江戸の事件簿』などを読んで、少しは身近に感じていたので、二十世紀の激動の時代を生き抜いた方がまた一人、黄泉に旅立ってしまった、と淡い淋しさを覚えた。

大衆文化や芸能史にくわしい加太氏だが、何といっても紙芝居作家、とりわけ戦後のヒーロー〝黄金バット〟の作者として有名である。戦後「月光仮面」や「鉄腕アトム」「鉄人28号」「仮面ライダー」等々、数多のヒーローが誕生しているが、〝黄金バット〟はそれらの先駆け、戦後ヒーローの第一号といってよい。

この〝黄金バット〟の誕生は、しかし戦前のことである。昭和五（一九三〇）年、鈴木一郎が作った紙芝居『黄金バット』の絵をまだ学生（芝浦高等工芸学校）だった永松武雄（ペンネーム武夫）が描き、これがたちまち人気となった。一般に、加太こうじを『黄金バット』の作者、イコール生みの親と思いがちだが、『黄金バット』を世に送り出したのは、鈴木一郎なのである。加太氏自身、「私は『黄金バット』の二代目の作者であり画家である」と述べている（『東京のなかの江戸』）。

しかし、加太氏こそ、紙芝居黄金期の立役者であり、紙芝居文化の生証人であった。『黄金バット』の誕生についても、実は面白いエピソードが、彼の著書『紙芝居昭和史』に載っている。

まず「黄金バット」という名前は、煙草の「ゴールデンバット」から、とったものだということ。「ゴールデンバット」は明治三十九（一九〇六）年九月一日に発売され、長きにわたって庶民に愛されつづけた大衆タバコの代表格である。ネーミングが示すとおり外箱には蝙蝠《こうもり》が描かれていた（ｂａｔは英語で蝙蝠のこと）。

大人が吸う煙草の名を、子どもたちのヒーローとなるキャラクターにつけるという発想は今ではちょっと考えられないことだ。煙草・喫煙が、好ましくないとされる風潮の今では、そんなことをしようものなら、たちまち批難の声が挙がるに違いない。

さらに〝黄金バット〟には、先駆となるキャラクターがあったこともわかった。白いがいこつのマスクに黒いマントの怪盗〝黒バット〟がすでに人気を得ていて、これを終わらせたいのだがどうしたらよいかと相談しているときに、鈴木一郎が、〝黒バット〟よりもっと強いキャラクターをつくり出せばいい、とひらめいたそうだ。

そこで考え出されたのが、一〇〇％善玉の〝黄金バット〟なのである。マスクを黄金色にし、名前を煙草の「ゴールデンバット」にあやかったという。マントも黒から赤に変わった正義の味方〝黄金バット〟は爆発的人気を呼び、一年後の昭和六（一九三一）

年には、赤いマントに見立てた布や風呂敷を身にまとった少年たちが、路地から路地を走り回る姿が、そこここに見られたという。

（昭和三十三（一九五八）年、二月二十四日から『月光仮面』のテレビ放映が始まり月光仮面ごっこが流行ったときも、子どもたちは風呂敷をマントに町なかを走り回った。まだ、あり得べき子どもの姿がみられたよい時代だった。）

だが、そもそも紙芝居は子供の娯楽ではなかった。江戸時代の「写し絵」、明治中期には「立絵」と呼ばれるようになった紙人形を貼り合わせたものを幻燈のように見せるものが、紙芝居の原型だといわれている。これはおもに寄席で行われていたが、大正時代に縁日やお祭りで、小屋掛けで見せるようになったという。紙に絵を描きボール紙に貼りつけた平絵式の紙芝居は、昭和初期に登場。永松武雄の『魔法の御殿』が最初ともいわれ、路地や空地で、アメなどを入場料代わりに売り、紙芝居は、大人から子ども相手のものとなった。

そして〝黄金バット〟の登場によって紙芝居人気は沸騰、昭和十（一九三五）年ごろには、東京に二千人〜二千五百人、全国では約三万人の紙芝居屋がいたという。

戦前は、この頃がピークで、紙芝居は下降線を辿る。人気が無くなったのではない。戦争により、兵隊にとられ紙芝居屋をやる者がいなくなっていったのだ。それに、子どもも集団疎開などで、都内から消えていった。

それでも、『黄金バット』は生き続けた、時勢に合わせ『軍国黄金バット』として。

終戦後、GHQに没収され焼却されたそうだが、昭和二十一(一九四六)年一月早々、『黄金バット』は復活した。残念なことは、今度はGHQに仰合しなければならなかったことである。復活当初は、がいこつマスクではなく、仏像のような顔に描かれ、ストーリィもナチスの残党をやっつけるといったものだったとか。とにかく戦争反対を前面に押し出し、平和と民主主義を賞揚しなければならなかったのだ。

私が紙芝居を見たころの〝黄金バット〟はもうがいこつマスクに戻っており、内容も冒険活劇そのものだった。

見物料の代わりに買い求める水アメが五円だったように記憶する。紙芝居の合図の拍子木が聞こえると、母に「五円ちょうだい」とねだったものである。

そのころは、月ぎめでおこづかいを貰える子どもは、そうはなく、文房具を買うからとか、雑誌を買いたいのだといっては、その都度、親をつついたものだった。親の機嫌を損《そこ》ねて貰いそこね、ただ見をする腕白坊主もいた。中には正義感か何か知らないが、「おじさん、こいつただ見だよ」とチクる子がいた。著述家の鈴木昶は「太鼓の紙芝居のおっさんが、ただ見の子をとがめるのをみたことがない」と書いている(『路地裏の唄』)が、そういうやさしいおじさんばかりではなく、ただ見の子を口汚なくののしって追い返すシーンを私は何度も目にしている。子ども心に義憤を感じ、チクった子を憎いと思ったが、それ以上のことは何も出来なかった。

要領のいい子は、おじさんの手伝いをする代りに、ただで見せてもらった。手伝いといっても、拍子木をカチ、カチと鳴らして町内を一周するだけだが、その間、おじさんは、紙芝居の舞台をセッティングし、ゆっくり煙草をふかして待っていればよいので、このアルバイトは成立していた。問題は希望者が多かったこと。紙芝居のおじさんが来る曜日と時間は決まっていたので、その時刻が近づくと、いち早くおじさんをつかまえようとする少年《こども》たちが、家の角々《かどかど》で待ち構えていた。そしておじさんの姿が目に飛び込んでくるや否や駆け寄り、拍子木を奪うようにして受け取ると、カチ、カチと鳴らし歩いた。その音は勝鬨のように高らかに鳴りひびいて聞こえた。

水アメやソースせんべいなど、懐具合に応じた菓子が子どもたちにゆき渡ると、紙芝居が始まった。紙芝居といえば『黄金バット』が引き合いに出されるが、大体が三本立てで、そのうちの一本が『黄金バット』だった。しかし、他の二本がどんなものだったか、全く覚えていない。殆んどが男の子向けのものだったので、むしろ、私はつまらないと感じていたからだろう。女の子向けのものといったら、「母もの」で、それは、生みの親と育ての親の間で苦労する女の子が主人公の悲話だった。大岡裁きの昔から『嗚呼！　バラ色の珍生!!』（日本テレビ）の今日まで、お涙ちょうだいの定番の一つだが、ストーリィの粗さと、女の子の声音《こわね》が野太いため、私は白けて泣けなかった。何より私はもっと迫真の演技の「母もの」映画を堪能していた。三益愛子が演じる母（作品によって生みの親、育ての親どちらも演じた）は限りなく情愛にあふれ、松島トモ子と白鳥みづゑが交互に演じた娘は、母を恋いつつもひたすら堪える健気さで、思いっ切り泣かせてくれた。

ところが、そんな「母もの」なんてなかったと夫がいう。友に聞いても同じ。唯一あったといってくれるのは妹だけだ。私の記憶ちがいかと少々自信をなくしかけたところに、力強い証人があらわれた。東京で唯一人（多分）の紙芝居のおじさん森下貞義さんが新聞の取材に答えて曰く、

「出し物には漫画や時代劇のほか、女の子向けの悲劇物などがありました」と（東京新聞一九九九年五月二日）。

どうやら、紙芝居には地域差があったらしい。お菓子なども、私の記憶では、何といっても水アメとソースせんべいだが、夫がいうには水アメと酢イカだったそうだ。酢イカなんて駄菓子屋には売っていたが、私の紙芝居のおじさんは持って来なかった。

また、紙芝居が終わると、おじさんは子どもたちになぞなぞを出した。正解すると、ごほうびに、お菓子の中から何か一つくれ、それが「本日はお終《しま》い」のしるしとなって、おじさんは紙芝居をたたんで帰っていった。このなぞなぞも、夫のふるさと山口市ではなかったという。演し物にも地域差があっても当然である。

こうした違いが生じたのは、紙芝居が基本的に手描きで一組しか作れなかったことや、流通システムとも関係があるようだ。

紙芝居業界は、貸元（紙芝居の配給元）と制作者（作家・画家）、説明者（いわゆる紙芝居のおじさん）で成り立っていた。作家と画家を兼ね、配給元にもなり、自ら「全国五万

人の男ばかりの世界である紙芝居業界の最大のボスとなった」（『東京のなかの江戸』）という加太こうじの説明によれば、説明者は貸元から借り出して、自分のテリトリーを回り切ったところで紙芝居を返し、新しいのをまた借り出すというシステム。たった一組の紙芝居が、こうして次々と貸し出されてゆき、全国を回る。東京を一まわりするのに八カ月かかり、東海道をくだって最後は神戸へ。一組の紙芝居が回り切るのに三年位かかったという。

これでは、たとえ同じ東京都内でも、子どもたちが見る紙芝居の演し物は違うはずである。唯一、共通してどこでも見られたのが『黄金バット』というわけだ。人気が高かったからシリーズ化されたことと、何人もの制作者が『黄金バット』を描いたので、何組もあったからである。終戦直後、『黄金バット』は二十種以上もあったそうだ。その中で、GHQがたった一人許可したのが加太氏だというから、GHQが喜ぶ〝黄金バット〟を描かざるを得なかったのもうなずける。

加太氏が「全国五万人のボス」といっているように戦後の最盛期（昭和23〜25年ごろ）には五万人もいた紙芝居のおじさんの姿が、潮が退くように消えていった。加太氏をはじめどの資料も「テレビの普及」を理由にあげている。陰りが見え始めたのは昭和三十年代からで、子どもたちの関心がテレビに移っていったと――。

そうだろうか、私が紙芝居を楽しみにしていたのは昭和三十三（一九五八）年前後の筈だが、まだまだ、紙芝居は子どもたちの娯楽の一つとして輝いていた。みんな夢中で

『鉄人28号』を読み（昭和31年『少年』に連載開始）、『赤胴鈴之助』を聞き（昭和32年ラジオ東京で放映開始）、『月光仮面』を食い入るように見ていた（昭和33年KRT＝現TBSテレビで放映開始)。雑誌、ラジオ、テレビ、紙芝居の全てを、ゴッチャゴッチャに享受しており、子どもの世界は、じつに豊饒だった。

それが、気付いたら紙芝居のおじさんだけがいなくなっていた、という感覚なのだ。

私のところに、紙芝居のおじさんが来なくなったのも、テレビとは関係がなかった。おじさんが紙芝居の自転車をとめる場所は、お稲荷さんが祀《まつ》られている三十坪くらいの空地だったが、そこにアパートが建つことになったのだ。空地の周りは家が建っていたが、そこだけは何も建つ筈がないと誰もが思っていた。子どもたちは、おじさんが来なくなったことと、空地がなくなることにただもう驚いた。

この空地は、紙芝居がやって来る場所というだけでなく、子ども会のイベントの集会場所に使われたり、夏休みには白い幕が張られ、映画が上映された。風の強い日は、幕がバタバタと音をたてて揺れた。椎名誠のいう「風にころがる映画」である。音声も悪く、よく聞こえないこともあったが、家に帰るとむき出しの手足が蚊に食われてブツブツになっているのも気付かないほど、映画に夢中になっていた。

このように、空地は子どもたちにとってかけがえのない場所だった。それがなくなるということなど考えられず、ただただ驚いたのだが、大人たちはお稲荷さんの土地を奪うような所業《しわざ》に腹を立てた。

お稲荷さんが祀られるようになったのも曰くがあり、地元の四人の大地主の子孫が共同で管理していたとかで、古い因縁話を知る大人たちは、「今に罰が当たる」と噂しあっていた。

罰は当たったと思う。お稲荷さんを遮蔽するようにアパートが完成し、誰もその存在を忘れ始めたころ、日本は高度経済成長のまっただ中にあり、日本列島は到るところ掘り返されていた。小さな空地も見逃さず、アパートやマンションが建てられ、子どもたちの賑やかな声は聞かれなくなった。そして、世紀末の今、環境問題や子どもの想像を絶する残忍な犯罪が世の中をおびやかしている。

間違いなく罰は当たっている——。

# チンドン屋

チンドン屋は、さしずめ日本の〝ハーメルンの笛吹き〟である。

十三世紀の後半、ドイツのハーメルンの街で、百三十人の子どもたちが行方不明となり、一人として戻って来なかった。この不思議な出来事は、ネズミ捕り男の伝説と結びついてグリム童話『ハーメルンの笛吹き』となり、世界中に知られるが、なぜ一度に百三十人もの子どもがいなくなったのかについては、今日まで謎のままである。

子どもたちが、まるで夢遊病のように、笛の音に誘われてついて行ってしまったように、チンドン屋のあとについて見知らぬ町まで行ってしまったという経験をもつ人は少なくないだろう。

唐招提寺の障壁画の制作で知られる日本画の大家、東山魁夷は、子どものころチンドン屋のあとについて横浜まで行ってしまい、大騒ぎになったそうだ。

夫も小学生のころ迷子騒ぎをおこし親を心配させたことがあるが、二つ先の町まで、チンドン屋のあとについて行ってしまったのだという。「とんぼ釣り　けふはどこまで行ったやら」ではないが、かつては、チンドン屋が一休みするとき、「おや、この子はどこからついて来たのだろう？」と不審がるような、どこまでもついてくる子どもが見られたものだった。

チンドン屋とは、街の広告宣伝業である。江戸後期から、明治・大正にかけて、東西屋とか広目屋といわれた町回りの宣伝業者がいた。最初は拍子木だけで、街角に立ってこの拍子木を打ち鳴らし「東西《とざい》、東西《とうざい》」と口上を述べるというスタイルだったが、明治になって、鉦《かね》と太鼓の鳴り物が入った。さらに大正ごろから三味線が加わり、町をねり歩くようになった。この頃は、まだ一人ないし二人で回るのが普通で、大勢の人数を必要とするときには、ジンタを引きつれて歩いたという。（ジンタというのは、明治中期ごろ出来た西洋音楽を演奏する楽団。いろいろなイベントで興を添えたが、やがて無声映画の伴奏もやるようになった。）

東西屋というのは、口上を述べ始めるときに「東西《とざい》、東西《とうざい》」というからだが、また開店のお披露目《ひろめ》をすることから広目屋とも呼ばれた。

チンドン屋というようになったのは、昭和に入ってからである。チンというのは鉦の音、ドンは太鼓の響きを表している。この二つの楽器をうまい具合いにつなげて、前でかつげるようにしたのが、チンドン屋にはなくてはならぬ楽器である。しかし、このチン、ドンというリズムをひき立たせたのは、クラリネットだった。

クラリネットが加わった和洋合奏の広目屋が登場したのは昭和六（一九三一）年のこ

と。昭和四（一九二九）年六月三十日、東京の邦楽座がトーキー設備を完了したからと、楽士を解雇し争議となったが、時代は無声映画《サイレント》から発声映画《トーキー》へ大きく変わりつつあった。昭和六（一九三一）年には、日本初のオールトーキー映画『マダムと女房』が封切られ、弁士や楽士が職を失っていった。

弁士の多くは、紙芝居の説明者に転じ、失業楽士のうち管楽器奏者は、街頭宣伝の世界に身を投じた。とりわけ、クラリネットが奏でる甘いメロディは哀愁をかきたて、それに賑やかな鉦《チン》と太鼓《ドン》の伴奏が加わると、いっそうのうら悲しさが胸を衝き、人々は広目屋の楽音にすい寄せられた。

クラリネットが加わったこの頃から、広目屋はチンドン屋と呼ばれるようになり、祭りを除いては、これといった娯楽が身近になかった当時、紙芝居やチンドン屋は子どもに大人気だった。

だが、紙芝居もチンドン屋も、「子どもたちに夢を与えた」という記述が、多くの資料にあるのは、少し解《げ》せない。紙芝居業者がふえ、チンドン屋が発生した昭和六年頃、全国には失業者が二百万もいたという社会的背景を考えれば、紙芝居屋やチンドン屋の一面だけを強調し、美化したものとしか思えない。いみじくもヒーロー〝黄金バット〟の作者、加太こうじは、次のように述べている。

「紙芝居は職業じゃないですよ。みんな失業してたからやり出したんで、ほかに職業があればやりませんよ」

（東京新聞、一九九五年六月二十八日夕刊）

こうした厳しい現実、人生の苛酷さを背負っていたからこそ、チンドン屋の楽音は、人々を遠くへと誘《いざな》うように鳴り響いたのかもしれない。

こうした心情は、時として大人より子どもの心に強く響く。だから子どもは、チンドン屋のあとをどこまでもついて行ったのだ。

生来、臆病な私は、異界に誘《いざな》われるような恐れを感じ、決してついて行こうとはしなかった。そして、チンドン屋が一休みしていると、急いでその前を通りすぎたものである。私の記憶では、開店や大売り出しの幟をもったり、チラシを配る役目の者はたいていこっけいなピエロの恰好。クラリネット奏者は山高帽スタイルやマドロス姿が多く、三味線弾きは鳥追い女ふう。いちばん重そうな鉦と太鼓を担当する人が、これまたいちばんの厚化粧で、カツラをかぶり二本刀を腰に差し、頭をしめつけているに違いないカツラといった重装備。

こうしたいでたちの人が、通りの外れや境内で、休んでいる光景は、あの賑々しさがうそのように殺伐としていた。みな一言も口をきかず、めいめいが勝手な方を向いて煙草をふかしている。その中で、鉦太鼓《チンドン》役は、ひとり足を揉んでいる。ピエロやクラリネット奏者は靴だが、着物姿の人は草鞋《わらじ》であった。重い楽器に草鞋履き、きっと足が棒のようになっていたのだろう。カツラと額の間には汗がにじんでおり、私は見てはいけないものを見てしまったように、足早やにそこから立ち去った。

まれに、興味深そうに、休憩しているチンドン屋の傍らに突っ立って、ジロジロ見ている子がいると、私はたまらない気持ちになったものだ。

第二次大戦中、禁止されたチンドン屋は、戦後、復活した。その隆盛は、紙芝居と軌を一にしている。最盛期には、紙芝居のおじさんが二人、曜日を変えてやって来たように、チンドン屋も、二組が通りの真ん中で、ハチ合わせをする光景も見られた。

昭和三十（一九五五）年四月十五日には〝富士桜まつり〟で、初めて全国チンドン屋コンクールが催されるといった盛況ぶりだった。

だが、自動車の増加と交通規制により、町なかを自由にねり歩くことがむずかしくなり、また、チンドン屋の演奏が騒音扱いされるようになって、オーダーが著しく減っていった。一時は千人は超えた東京のチンドン屋の数が、昭和四十五（一九七〇）年には約二十人、1/50に激減した。

富士城址公園で開かれる〝桜まつり〟で、今もチンドンコンクールは続けられており、春の名物行事となっているが、町や村をねり歩くチンドン屋は、偶然の神様の助けを借りない限り、見ることは出来ない。

昨年（一九九九年）、ネオチンドンと称するグループが、活動しているとの新聞記事を目にしたが、まっ赤な髪にミニスカート、サングラスや、あごヒゲでバンジョーを弾きチンドンと打ち鳴らす様子は、底抜けに明かるく「見てはならぬもの」をかかえたかつてのチンドン屋とは、似ても似つかぬものだった。

# 第五章　一瞬のブーム

## ヨーヨー

ヨーヨーは、大人も子供も楽しめる玩具である。

そのルーツは古く、中国で創案され、十八世紀にはヨーロッパに伝えられた。勿論、日本にも伝来、長崎で大変な流行をみたという。それが京都、大坂へと北上してゆき、ついには江戸でも売られるようになった。

『近世畸人伝』（寛政十年刊）や、鈴木春信の浮世絵にも登場していることから、ヨーヨーは十八世紀の日本に玩具として定着していたらしいことがわかる。当時は「手車《てぐるま》」という名で呼ばれていたことや、菊型、つまり最中《もなか》の皮を張り合わせたような形をしていて土製だったことなど、今日のヨーヨーとはだいぶ趣きを異にしていた。

江戸時代、「当時流行せし玩具」の一つとして記載されているこのヨーヨーが二百年後、再び大流行をみせる。今度は中国からではなく、フランスから渡来し、当時街なかを闊歩していたモボ、モガが飛びついたという。

昭和七（一九三二）年十一月十日の「東京日日新聞」（毎日新聞の前身）が、イギリスやフランスで、ヨーヨーという遊びが流行っている。間もなく日本にも入ってくるだろうと報じたが、その記事のとおり、同年末には輸入され、またたく間に、日本中に広がった。

「手車」と呼ばれた江戸期のヨーヨーとは違い、木製のモダンなデザイン。ハイセンス・モードの国フランスからの遊具である。最新の流行に敏感であること、時代の先端を行くことを自負するモボ（モダンボーイ）、モガ（モダンガール）が目に留めない筈はない。彼らが、火付け役を果たす結果となり、ブームに火がついた。あまりの急激な人気に、輸入だけでは追いつかず、すぐに国産品が出回った。輸入品（当時は舶来品といった）が一個三円と高価だったのに対し、国産品は一個十〜二十銭と手頃な値段だったことが流行に拍車をかけた。

当時、少年用の野球バットが五十五銭だったことを考えても、ヨーヨーは、買い求めやすい廉価な玩具だったことがわかる。

しかし、燎原の火のごとく広がった最大の理由は、大人たちにうけたことだろう。昭和八（一九三三）年三月八日号の『アサヒグラフ』に、

お爺さん、お婆さんを筆頭に、カフェー、ダンスホール、電車の中、人を待つ間、さては小学校児童と非常時ニッポンもものかはとばかりひろがってしまった。

と、見えるように、新しもの好きのモボ・モガにとどまらず、まさに日本中の老若男女が夢中になったのである。

ヨーヨーは、いろいろな木でつくられたが桜が最も多く使われ、ヨーヨーの用材とし

て最盛時には輸出もされたとある。どうやら、日本に飛び火したヨーヨーブームは、イギリスやフランスでもなおつづいていたものらしい。

日本でもピークの昭和八（一九三三）年春から夏にかけては、月産五百万個のヨーヨーが製造されたといい、約十軒の工場があった足柄村（今の神奈川県小田原市）では、連日三万個も出荷していたという。どれほどの人気だったかがうかがえるが、しかし、たった十銭のヨーヨーを買えない貧しい家もあり、子どもに買ってやれない親が、ヨーヨーの禁止を学校に訴えたという新聞記事もみられる。（ちなみに、今でも祭りなどの夜店でみられるヨーヨーは、このころゴム風船に水を入れたものに、ゴム紐をつけて、貧しい子ども相手に売ったのが始まりだという）

親の訴えを待つまでもなく、ヨーヨー、ヨーヨーと授業に身が入らず、困りはてた学校当局が、校内にヨーヨー持ち込み禁止を定めたとのニュースもある。いずれも昭和八年の二月から三月にかけてのことで、この二十五年後に流行ったフラフープを思いおこしても、何かが流行し始めたときの勢いは、手がつけられないものらしい。同年の二月九日付「都新聞」には、勤務中の巡査がヨーヨーに興じている姿が掲載されている。もちろん制服姿である。

この巡査は、日中関係が悪化するなか開かれた非常時国会の警護中だったのである。それを事もあろうに、ヨーヨーに夢中になり、同僚の巡査も咎めるどころか、あざやかな手つきに見とれていたらしい。のどかな光景ではあるが、警察当局としては看過出来ることではなかった。ヨーヨー巡査は罰俸（給料を役所に納める）と、転勤処分になったという。

この年は、各地でヨーヨー大会が開かれ、大勢の人が参加して大賑わいだったそうだが、同年はまた、小林多喜二が築地署に捕らえられ、拷問により死亡している年でもある。そんな時世に、ヨーヨーなんぞに日本中が浮かれていてよかったのかねぇ、という思いが強いが、しかし〝流行〟とはどだいそういうものなのだろう。わけのわからないものが、バカ流行りするときは、気を引き締めよ、と歴史は教えているのかもしれない。

## カムカム英語

終戦直後の混乱期に、三百万部を売るベストセラーが出た。

戦争が終わったといっても食糧不足はむしろ深刻化し、敗戦の悲しみよりも食べ物の確保が最優先で、食わんがためには何でもしたこの時代に飛ぶように売れたものとは文庫本より小さい、わずか三十三ページの小冊子だった。

終戦から、ちょうど一カ月後の九月十五日、科学教材社（誠文堂新光社）が、定価八十銭で出した『日米会話手帳』は、初版三十万部が数日で品切れとなる売れ行きで、この年の暮れには三百六十万部という驚異的な数字を示したのである。

つい昨日まで、英語を敵性語として憎んでいたのに、何とまあ、変わり身の早いと思わないでもないが、敗戦と同時に全国の駅名はローマ字に書きかえられるわ、連合軍（米軍）が続々と進駐してくるわ、で、人々は英語の必要性を痛感したのだろう。一カ月足らずのうちに、街は横文字とGIの姿であふれ返った。東京などは、六百カ所もオフ・リミット（日本人立入り禁止）となり、名称も変えられた。例えば、昭和通りはダーク・アベニュー、銀座通りはブロード・ウェーと名付けられ、両国の国技館はメモリアル・ホールと変えられてしまった。

日本でありながら、いったいここはどこ？　というありさまに、人々は英語がわからないことに大きな不安を覚えて『日米会話手帳』に飛びついたに違いない。

しかし、語学を習得するなら、目で見るよりも、やはり耳で聴く方が早い。『日米会話手帳』の発売と相前後して、NHKラジオで『実用英語会話の時間』が始まった。そして翌昭和二十一（一九四六）年二月一日からは平川唯一の〝カムカム英語〟がスタートし、これが大変な人気となり、英語ブームに拍車をかけたのだった。

〝カムカム英語〟は、NHKのラジオ番組で、正式には『英語会話』というのだが、誰もが〝カムカム英語〟と呼んだ。

「カム　カム　エブリボディ　ハウ　ドゥ　ユー　ドウ　アンド　ハウ　アー　ユウ？」というテーマソングで始まったからである。

この明かるく調子《テンポ》のよいテーマソングは、またたく間に広まり、英語講座など聴かないだろう小さな子どもまで、「カム　カム　エブリボディ」と口ずさみ、『英語会話』は〝カムカム英語〟、講師の平川唯一は〝カムカムおじさん〟と呼ばれたのである。

「カム　カム　エブリボディ」は日本人なら誰でも知っている童謡『証城寺の狸囃子』のメロディである。つまり、

証《カム》　証《カム》　証城寺《エブリボディ》
証　城《ハウドウユー》　寺《ドウ》　の《アンド》　庭は《ハウアーユウ》

というふうに、歌えばいいのだ。小さな子どもでもすぐに口ずさめたし、何より軽快で楽しげな『証城寺の狸囃子』のメロディに「カム　カム　エブリボディ」という英語が、よく乗った。元の詞に勝るとも劣らない語呂のよさであり、歌いやすかった。

このころ流行った『リンゴの唄』が、敗戦で打ちひしがれた人々の心を励ました、と多くの資料が語っているけれど、「カム　カム　エブリボディ」の弾むような明かるさも、「日本の未来も捨てたもんじゃないよ、頑張ればまた、よい時代が戻ってくるよ」と、人々の心に希望の灯をともしてくれたのだと思う。

それでなければ、ただ単に歌いやすく聴き知ったメロディだというだけで、子どもから大人まで口ずさんだはずがない。うがった見方かもしれないが、「頑張る」ことの一つが〈異国の文化を受け容れること＝英語を学ぶこと〉だったのではないだろうか。

どれほど広汎に〝カムカム英語〟が親しまれたかを、講師の平川唯一が『わたしの自叙伝』の中で、述べている。

あの放送を毎日聴いておられた方々の年齢層なんですが、これはテキストの内容から見ても、大体中学生から高校の一、二年くらいが大部分をしめるのが当然なんですが、実際にはそうではなくて、下は幼稚園のお子さんから、上は八十いくつのお年よりまで、年齢や学歴には全く関係なく、全国的に広く一般の方々が毎日熱心に聴いて下さったことです。

そして、当時もう八十歳を超えていた〝世界の真珠王〟御木本幸吉も毎日、放送を聴いていたというエピソードも紹介している。

このように、『英語会話』は高い聴取率を示し、「カム　カム　エブリボディ」は広く歌い親しまれた。

（話は外《そ》れるけれど、ラジオ時代は当然、視聴率ということばはなく、聴取率といった。テレビが登場してからは、視聴率はテレビ、ラジオは聴取率と使い分けられていたが、今ではラジオでも視聴率ということが多い。この聴取率ということばも懐かしい。）

〝カムカム英語〟がブームをおこした最大の理由は時勢にジャスト・フィットしたことだろう。だが、「カム　カム　エブリボディ」が無かったら、あるいは別のテーマソングだったら、果たして後世に語り継がれるほどの大ブームになったかどうか、疑わしい。そういう意味では、テーマソングを『証城寺の狸囃子』の替え歌にしよう、と決めた人物、平川唯一の功績は大である。

平川は大正七（一九一八）年に渡米し、昭和十二（一九三七）年、三十五歳のときに帰国したのだが、日本に戻ってから、童謡のすばらしさを再確認したという。なかでも、のびのびと明かるい『証城寺の狸囃子』を、平川は大変好んだそうだ。そして『英語会話』の担当に決まったとき、是非テーマソングにこの軽快なメロディを借りたいと、作曲者の中山晋平の家を訪ね、了解を求めたのだった。

快く承諾してもらった平川は、作詞にとりかかり、昭和二十一（一九四六）年二月一日の第一回放送から、テーマソング「カム　カム　エブリボディ」は全国に流れた。
〝カムカム英語〟は、月曜から金曜まで、毎日午後六時から十五分間放送された。NHKラジオで五年間、のち民放に移って五年、昭和三十（一九五五）年七月まで、つづいたのである。

足かけ十年もつづいたこの番組を、私は聞いたことはなかったが、「カム　カム　エブリボディ」は、鼻歌まじりに口ずさんでいたように思う。

中学生になって、英語という新しい科目に出会い、私は大いに興味をもち、ワクワクした。英語が勉強などとは思えず、教科書を開き、辞書を繰るのがただただ楽しかったのも、もしかしたら、「カム　カム　エブリボディ」のおかげかもしれない。それとは知らぬ間に、「英語は楽しいぞ」と洗脳してくれていたのではないだろうか。

## キャサリン、キティ、ジェーン……

昭和二十九（一九五四）年二月一日、ハリウッドの女優、マリリン・モンローが来日した。大リーガーのジョー・ディマジオと結婚し、新婚旅行の途中日本に立ち寄ったものだった。

モンローといえば、モンロー・ウォークと呼ばれる悩まし気な歩き方で男性を魅了し、世界の〝セックス・シンボル〟と呼ばれた超人気女優。同じくグラマーな肢体で魅了したジェーン・ラッセルが、まさにダイナマイト・ボディと呼ぶにふさわしい迫力だったのに対し、モンローは女性らしいたおやかさがあり、日本人好みだったのかもしれないが、〝可愛い女〟として男性はもちろん、女性ファンも多かった。

当日は、モンローの姿を一目見ようとするファンが羽田空港に押しよせ、とくに熱狂的なファンは飛行機のまわりを取り囲んだので、モンロー夫妻は飛行機を降りるに降りられず、タラップをのぼったり降りたりし、結局裏側の出口から脱出したと伝えられる。

宿舎の帝国ホテルにもファンは押しかけたが、行進ルートの銀座通りも人波で埋めつくされ大混乱になった。ホテルでの記者会見で「何を着て寝ますか」という質問に、

「シャネルの五番よ」と答えたという話は、今でも語りつがれているほど有名である。

この年は、『ローマの休日』（四月二十七日封切り）、『麗しのサブリナ』（九月十七日封切り）の公開によって、モンローとは正反対の魅力のオードリー・ヘプバーンが人気急騰。ヘプバーン旋風もまきおこったが、実はこれ以前にも、キャサリンやキティ、ジェーンといったアメリカの女性が、日本にやって来ていた。キャサリンといえばキャサリン・ヘプバーン、ジェーンといえばジェーン・マンスフィールドやジェーン・ラッセル、ジェーン・フォンダというように、日本人にもなじみのあるアメリカ女性名だが、彼女たちは女優ではなく、その正体は「台風」である。

占領米軍の気象隊は、台風に女性名をつけるのが習慣で、占領下の日本もそれに従い、台風に女性の名をつけていた。

台風が発生した順に番号を付し「第〇号」と呼ぶようになったのは、昭和二十八（一九五三）年五月からだが、それまでに日本に上陸したおもなアメリカ女性は、キャサリン（昭和二十二年九月十四日〜十六日）、アイオン（同二十三年九月十五日）、デラ（同二十四年六月二十日）、ジュデイス（同二十四年八月十四日）、キティ（同二十四年八月三十一日）、ジェーン（同二十五年九月三日）、ルース（同二十六年十月十四日）、ダイナ（同二十七年六月二十二日）の面々である。

いずれも死傷者、行方不明者を出した大型台風《ダイナマイトレディ》だが、中でも最大の被害をもたらしたのが関東地方を襲ったキャサリンだった。死者・行方不明者が一五二九人、負傷者一七五一人。全壊した家屋五三〇二戸、半壊が一二万七六一戸。浸水家屋は四一万八〇〇〇戸にのぼった。これほどの被害になったのは、台風のスピードが落ちゆっくりと関東地方を通過したため、降雨時間が長くなり河川の水量が増し、荒川や利根川など、河川の堤防の決潰を招いたからだった。川に挟まれた地域は水に埋没してしまい、都内では、葛飾・江戸川の両区が完全に水に浸《つ》かった。

これは戦時中に、関東地方の山林を濫伐したことと、利根川堤防の改修工事が中断されたままになっていたために被害が予想以上に大きくなったのであり、キャサリン台風は天災と人災のダブルパンチであった。

次のアイオンも犠牲者が八三八名、負傷者を合わせると三〇〇〇人近かった。

関西に被害をもたらしたジェーン台風（死傷者は五三九人、負傷者二万六〇六二人）は人命のみでなく、京都西本願寺などの国宝も破損、被害総額は当時の金で一八〇〇億円にものぼったという。

キャサリンからダイナまで、いずれ劣らぬ猛女ぞろいだが、それにしても何故アメリカ人は台風に女性の名をつけたのだろう。アメリカの女性は、よっぽど強いのか、男性諸氏は強い女性に手を焼いていたのか。アメリカの女性に限らず、一般に女性は感情的で、ひとたびヒステリーをおこしたら手がつけられない、というようなことを盛んにいわれた時代もあったが、今なら人権問題、性差別だと、大いに糾弾されるに違いない。

それかあらぬか、昨年（一九九九年）九月、アメリカ東部に上陸し、大きな被害をもたらしたハリケーンは「フロイド」という男性名であった。

　いったいアメリカ人は、何にでも擬人化して名前をつけたがる。気象関係だけでなく、戦略や兵器といった、とてもじゃないが冗談をいってる場合じゃないものにも、人の名や人気漫画のヒーローの名などを用いる習慣がある。モンロー来日の翌年、オネスト・ジョンが日本デビューしたが、このジョンとは核弾頭が装着可能な地対地ミサイルの名前であった。オネストが正直者という意味だと教えられ、こんな物騒なものに正直者《オネスト》ジョンという名前をつけるなんて、アメリカ人は、なんてけったいなんだろう、と子ども心に思ったものだ（オネスト・ジョンとその要員部隊は昭和三十年八月に日本に上陸した）。

　オネスト・ジョンより以前のキャサリンやジェーンたちについては、私は殆ど記憶にない。それなのに、台風といえばキティだのダイナといった名前が懐かしく、ピンとくる。多分、台風が通過するたびに、母親が近所の人たちと、

「昨日の台風はすごかったわネ。キティ台風みたい」

　などと話していたのを聞いていたからだろう。昭和二十四（一九四九）年八月末に神奈川県茅ヶ崎に上陸したキティ台風は、日本列島を横断し、日本海へ抜けていったのだが、東京都内だけでも死者一三五人、流失家屋は一三九九戸、床上浸水は十万戸を超えた大きな被害だったから、大人たちは大き目の台風がやって来ると、必ずキティと比較し、語ったのである。

台風が、きれいな（!?）女性の名で語られたことと、実害にあったことがないせいか、台風の思い出は、心楽しいものである。大変な目にあわれた方には申し訳ないが、ちょうど雪が積もると嬉しくて外に飛び出していったように、風が激しさを増してきて窓がガタガタいうと胸がワクワクして、風《かぜ》台風のときは外に出て、風に向かい息が詰まりそうになるのを面白がったものである。

台風が夜半に強くなるような日は、いつもは残業で帰宅の遅い父が早目に帰って来た。そして、いつどうやって用意しておいたものか覚えていないが、長い板を持ち出してきて、その板を窓や縁側の雨戸の部分に、家の外から釘で打ちつけた。その頃はアルミサッシではなかったから、激しい風に吹き飛ばされないようにしなければならなかったのだ。

時には、もう雨も風も激しくなっていることがあり、ずぶ濡れになりながら板を打ちつける父の姿は、とても頼もしく見えた。トントン、トントンと釘を打つ音が、吹き荒れる風雨の音を縫って、あちこちから聞こえていた。どの家も、台風上陸の日は大黒柱が活躍するときであった。

ずぶ濡れの父を、母は乾いたタオルを持って迎え、わたしたち子どもも、ピョンピョン跳びはねるように、父親の周りを回った。いつもとは違う一家団欒に、気持ちが昂揚していたのだろう。台風は、恐ろしいものというより、日常を破る祭りに似たワクワクするものというのが子どものころの記憶である。

台風に女性名をつけるのが廃止されてからも、もちろん大きな台風が日本列島を襲っている。

記憶に新しいところでは、平成三（一九九一）年九月の、台風第十九号は、東北地方に襲いかかり、ちょうど収穫間近のりんごに絶大な被害を与え、〝りんご台風〟と呼ばれた。昨年（一九九九年）九月の第十八号も、またもやりんご全滅か、というものだった。

しかし、何といっても昭和三十四（一九五九）年九月二十六日、名古屋を直撃した伊勢湾台風（当時推定損害額二千億円、死者・行方不明者が五千人余）こそ、キャサリンやキティを上回る大型台風であろう。

昨年（一九九九年）十二月、アメリカの大洋海気局は、一九〇〇年から百年間に起こった気象災害のなかから、歴史に残る十五を選び発表した。

その「世紀の気象現象」の一つに、日本最大の気象災害として伊勢湾台風を選んでいるのだが、もし、その当時まだ台風にアメリカ女性名をつける習慣がつづいていたら、アマゾネス級の伊勢湾台風に、どんな名前がつけられたのだろうか。

ちなみにアメリカが自国から選んだのは、一九九八年のハリケーン・ミッチである。

# インディラ

その名のとおり、インディラは女性である。年齢は十五歳（推定）で、可憐な少女といいたいところだが、インディラは象なので、もう立派なレディ。体重約二トンというグラマラスなこのレディに、昭和二十四（一九四九）年、日本中が熱狂した。

この年の九月二十三日、東京芝浦桟橋に貨物船延長丸が横付けになった。インドからの一カ月の船旅に疲れもみせず、インディラは翌二十四日に下船。昼間では大騒ぎになるからと二十五日午前〇時、インディラはようやく上野動物園にむかって、のっしのっしと歩き出し、昭和通りを経て上野動物園まで九キロの道を行進した。先導役に三人の巡査が当たり、「象が来ます。もうすぐ象が来ますよ」と触れ回ったあとに、インディラが悠然とした歩みで姿を現したという。沿道には、象を一目見ようという人であふれていたが、もちろん上野動物園の前も、インディラを出迎える人たちが、ぞくぞくと集まっていた。

二十五日の開園時（午前九時）には、一万人の人でふくれ上がっていたが、その多くは動物園前で夜明かしした人々であった。午前十一時には、四万人、閉園時には入園者数が八万五千人を突破し、上野動物園の最高を記録していた。この日の歓迎会には、一足はやくタイより到着（九月二日）していたインド象のハナコが、鼻を高くあげ出迎え、デビュー間もない美空ひばりが花束を贈呈した。天才少女歌手の出現と騒がれたひばりも、インディラ人気の前には、かすんで見えた。

たった一頭の象に、どうしてこうも日本中が熱狂したのか。

インディラ来日の発端は、子どもたちの切実な願いにあった。昭和二十四（一九四九）年二月七日付の「東京日日新聞」に、横須賀市に住む小学三年生男子の投書が掲載された。それは、学校の遠足で動物園に行ったが、ゾウやライオンがいなかったのでがっかりした、せっかくインドから象を送ってもいいといってくれてるのに、お金がなくて古賀園長さんは困っている。僕らがみんなしておこづかいを出し合って……と、東京の子どもに呼びかけたものだった。

それから三カ月後の五月十日、今度は東京台東区の子ども議会が「象がほしい」と決議して、国会までデモ行進した。吉田茂首相やマッカーサーに「象をください」と訴えながら国会に到着すると参議院文教委員会に請願書を提出した（当初、ＧＨＱは象の輸入に反対していたという）。

このような子どもたちの訴えを聞き知った一人のインド人貿易商が、当時のインド首相ネルーに働きかけてくれたのである。日本の子どもが書いたお願いの手紙、約八百通は彼を通してネルーに届けられ、ネルーは直ちにラジオで全国に呼びかけてくれたのだった。こうして選ばれた象が十五歳のメス象であり、ネルー首相は愛娘インディラの名をこの象に与えて、日本に送ったのである。出発式にはネルー首相も出席したといい、並々ならぬ好意を示してくれたのだった。

おかげで、子どもたちの願いはかなえられたわけだが、それまでのいきさつは、新聞などでもたびたび報じられていたから、インディラの到着を、大人も首を長くして待ちわび、当日は八万五千人もの人が大挙して上野動物園に押しかけたというわけなのだ。

九月二十三日から動物園復活祭が行われたが、十月一日までの九日間で、三十五万人の入園者数を記録、インディラの人気は過熱する一方だった。この年の来園者数は約三百七十二万人で、何と前年を百四十万人も上回ったのである。

上野動物園に行ける人はいい。遠くて行けない私たちはどうなるの!!　という声が各地で上がった。インディラを見たいという願いが、あちこちから上野動物園に寄せられ、ついに翌昭和二十五（一九五〇）年春、インディラは半年間の地方行脚に出発するのである。南は静岡から、北は旭川まで、三五〇〇キロの行程をインディラは移動し、どこでも熱烈な歓迎をうけた。

象がそんなに珍しかったのか。それとも日本人は根っからの象好きなのか？　これほどまでにインディラ旋風が吹き荒れたその背景には、実は悲しい物語が秘められていた。

インディラ来日のきっかけをつくった台東区の子ども議会だが（当時、各地に子ども議会というのがあった）、子どもたちが、象をほしいと思ったのは、戦争中、軍の命令で上野動物園の動物が殺されたという話を聞いたからだった。なかでも、三頭のゾウの最期は、あまりにも痛々しく、子どもたちは、涙をこらえきれなかった。

昭和十八（一九四三）年、太平洋戦争は激化の一途、というより、転進という名目で新年早々、ガダルカナル島からの撤退が行われ、敗戦への道を踏み出していた年の八月、内務省より上野動物園長代理、福田三郎に非情な命令がくだった。園内の猛獣・動物を一カ月以内に処分せよ、と――。

空襲によって動物が逃げ出した場合にそなえて、あらかじめ処分せよ、というのである。動物園の飼育係にとって、動物は我が子も同然。小さいときから手塩にかけて育て上げたものもいる。とても素直にうべなえるものではなかった。だが、二十日ネズミや猫程度の小動物なら、自分の食事を分け与えてでもこっそり飼うことはできるが、ゾウやライオン、クマといった動物は餌も大量に必要。確かに檻から逃げ出した場合は、人間に害を与える恐れがある。そして何よりも、命令に抗うことは許されなかったから、翌日から実行に移された。

せめて動物に苦痛を与えないよう、急所を狙って一発、といきたかったが大切な弾丸を、動物の殺害などに使用させてもらえるわけがなかった。方法は、毒殺と決まった。クマ、ライオン、ヒョウ、トラ、ニシキヘビなどが順次毒殺されてゆき、八月二十七日、オスのインド象、ジョンもなくなった。

ところが、メス象の花子とトンキーは、餌を食べようとしないのだ。まるで、毒が入っていることを知ってでもいるように、飼育係が、いろいろ試みても決して口にしなかった。

花子は、昭和十（一九三五）年六月にシャム（今のタイ）から贈られたインド象で、いろいろな芸を披露し、子どもたちの人気を集めていた。またトンキーは温和しい性質で人なつっこく、園内の人たちにもとても可愛がられていたから、毒入りの餌を食べないことに飼育係は内心ホッとしないでもなかった。だが、このままで済むわけがない。仕方なく餓死させることにし、九月十一日、花子が亡くなった。

ただ一頭のこったトンキーは、目に見えて弱ってゆくのがわかった。甘えん坊のトンキーは、飼育係が前を通ると餌をねだる仕草をする。わけても飼育係の涙を誘ったのは、痩せた体で前足を折り曲げ、鼻を高く上げたことである。

そのポーズは象の芸の一つである。芸をすると餌を与えていたから、トンキーはこうすれば餌が貰えると思い、力をふりしぼってやって見せたのだ。

ある日、いつものように必死で芸をしようとするトンキーに、「いいんだ、トンキー。もう芸はしなくても」と飼育係がわずかばかりの餌をもって行った。だが、餌をトンキーの口にさし出しても、それを食べる力がトンキーにはもう残っていなかった。

こうして、九月二十三日、トンキーは亡くなった。皮肉にも、その二日後、満州の動物園から、象を一時預りましょうとの電報が届き、それが関係者の悲しみをいっそうつのらせた。

このような詳しいいきさつを、当時の人は知らなかったけれど、動物を処分せよとの命令が出たことや、薬殺されたこと、猛獣の慰霊法要が営まれたことなどは新聞で報じられたから、トンキーが死んだことはわかっていた。

この後、戦局はますます困難を極め、トンキーの死を悲しむ余裕は失われていった。そして二年後、敗戦を迎える。戦火に見舞われた東京で空襲をまぬがれた上野動物園は、市民が憩える数少ないオアシスの一つだった。子を連れ、友を誘《いざな》って人々は動物園を訪れたが、そこには、芸達者の花子や、人なつっこいトンキーの姿のないことを、人々はあらためて知った。だから、「インドから象がやって来る！」の報に大騒ぎし、日本中がインディラに夢中になったのである。各地からの要請で昭和二十七（一九五二）年四月二十八日、田端貨物駅を出発したインディラが訪れた都市は、静岡→甲府→松本→長野→新潟→山形→青森→札幌→旭川→函館→秋田→盛岡→仙台→福島→宇都宮→水戸→前橋の全十七都市。九月末まで五カ月かけて、日本列島を縦断し、インディラを見るために集まった人は四百万人を超えたという。

インディラのほかにも十八頭の動物が一緒に回ったが、人々のお目当ては何といってもインディラ。行く先々で黒山の人だかりができたという。それがどれ程のものだったかというと、実況放送をしたNHKのアナウンサーによれば、駅前は人で埋め尽くされ、人波に埋もれたインディラが小さく見えたという。しかも「天皇陛下の行幸のときも、これほどの騒ぎではありませんでした」と、天皇と比較するほどの興奮ぶりだった。

昭和三十二（一九五七）年、インドのネルー首相が愛嬢インディラ・ガンジーを伴って来日した。そして十月八日、上野動物園から招かれ、八年ぶりに象のインディラと再会し元気な姿に喜んだ。

時は流れ、日本中を席巻したインディラ旋風をほとんどの人が忘れてしまったころ、中国から二頭のパンダがやって来て、パンダ・ブームがわきおこった（昭和四十七年九月）。そのパンダ・ブームの陰で静かに日を送ったインディラは、昭和五十八（一九八三）年八月十一日、老衰のため死亡した。享年四十九。日本に来て三十三年と十一カ月だった。

私は、どうしてか、インディラ・ブームを記憶していない。小学生になっていたはずなのに、覚えがない。トンキーの話も、長い間知らずにいた。いつごろか、宮澤賢治の『オツベルと象』を読んだとき、象の無私のやさしさに泣きそうになり、同時に妙に懐かしい気持ちになった記憶がある。あるいは、どこかでトンキーの話を聞いていたものか——。

ほかに象にまつわる思い出といったら、子どもを育てているときに、娘といっしょに「ぞうさん、ぞうさん、お鼻がながいのネ」と歌ったことくらいである。

この『ぞうさん』という童謡、じつはインディラの前で歌われている。團伊玖磨が『ぞうさん』を作曲してから間もないころ、というから昭和二十七、八年ごろであろう。上野動物園の象舎の前で、團の指揮で、東京放送児童合唱団の少年少女が歌ったのである。

團伊玖磨といえば、有名な『夕鶴』をはじめ数々のオペラの作曲で知られる。それが『ぞうさん』を作曲？　とちょっと意外な気もするがこの『象さん』は、実は團にとって特別な思いの込められた曲だという。

上野動物園の猛獣を処分せよという命令がくだったころ、團は、東京音楽学校の学生だった。ある日、通学途中、上野動物園の前を通ったとき、入り口に黒と白の鯨幕が張ってあった。團も新聞などで動物が殺害されることは知っていたから、誰のための葬式か、わかっていた。のち、「危険を防止するには仕方のないことではあっても、人間は何て勝手なんだろう、と胸が締め付けられる思いだったのを覚えています」と團は語っているが(『唱歌・童謡ものがたり』岩波書店)、黒と白の幕が張られた光景は、青年、團の心に強く刻みこまれたのである。

後年、作曲家の道を歩み始めた團のもとに『ぞうさん』の作曲依頼がきたのは全くの偶然であろうが、詞を見た團は、まるで湧いて出るようにメロディーが浮かび、わずか一、二分で作曲できたという。「詞が自然に体に入り込んできたという感じ」と團は語っているが、何か因縁めいたものを感じずにはいられない。

團が見たのは、昭和十八(一九四三)年九月四日に行われた慰霊祭である。ということは花子もトンキーも、葬式のあとも生きていたのだ。必死の抵抗だったような気がして、今さらのように涙を誘うが、殺害された動物たちにおくられた戒名は「殉難猛獣霊位」、墓標には「時局捨身動物」と記されたという。

あんなに人気者だったのに、すっかり忘れられて、ひっそり死んでいったインディラはこんな戒名をつけられずに済んだ分だけ、幸せだったのかもしれない。

ぞうのインディラ
歓迎
ハナコとともに、
ぞうの大人気は
すごかった。

## 童謡歌手

沖縄アクターズ・スクールの盛況ぶりが示すように、現在《いま》の少女たちの憧れは、安室奈美恵を筆頭に、MAXやSPEED（二〇〇〇年三月で解散）のようなタレントであり、とにかくテレビに出ることが夢であるらしい。

私の子どものころの夢と憧れは、童謡歌手だった。自分と大して年のちがわない少女たちが美しい服を着て、頭髪《あたま》にはかわいいリボンをつけニッコリ笑っている姿は、絵の中から抜け出たお姫さまのようで、うっとりした。

彼女たちに会えるのは雑誌だった。テレビの普及は、まだそれほどではなく、もっぱらラジオで可憐な声を聞き、愛らしい姿を少女雑誌のグラビアで見ては溜息が出た。

童謡歌手が百花繚乱と咲き誇ったのは、昭和二十年代半ばから昭和三十年代にかけて起こった童謡ブームのときである。川田正子・孝子姉妹、伴久美子、近藤圭子、古賀さと子、安田祥子・章子姉妹、小鳩くるみ等々。思い出すままに名前を書き連ねると、彼女たちの華やかで愛らしい姿が彷彿としてくる。そして今さらのように驚くのは、〝童謡歌手〟と十把一からげにはできないほど、それぞれに個性的だったことである。

童謡ブームの火付役、川田姉妹は戦時中から活躍しており、お姉さん格。少女雑誌にもあまり登場してこなかった。健康的な丸顔に切れ長の目が印象的な古賀さと子は、のびのある歌声で魅了し、細面で日本的な顔立ちの伴久美子は物静かな感じ。かわいい美少女の見本のような明かるい歌声の近藤圭子。童謡歌手の中ではいちばん年少、まるでお人形のようだった小鳩くるみは、妹にしたいほどかわいらしかった。今でこそ、しっとりと日本の歌、童謡をうたう安田祥子・由紀さおり（章子）だが、当時は、やっぱり愛らしかった。

誰がいちばん好きかと聞かれたら困ってしまうほど、みんなステキだった童謡歌手。もし、私が音楽的才能に恵まれていたら、ためらわずに「童謡歌手になりたい！」と思ったろう。残念ながら音痴の私は、好きな歌を調子っぱずれに歌って満足しているだけだったが――。

数ある童謡の中で、私が好きでよく歌ったのは、

「リンゴのひとりごと」（わたしは真赤《まっか》な　リンゴです　お国は寒い　北の国……昭15年発表）

「ウグイス」（ウメノ　小枝デ　ウグイスハ……昭和16年発表）

「蛙の笛」（月夜の田んぼで　コロロコロロ　コロロコロコロ鳴る笛は……昭和21年発表）

「ばあやたずねて」（森陰の白い道　カタカタと馬車は走るよ……昭和21年発表）

などである。

どうやら私は、抒情的なものを好んだようだが、勿論、その時の気分で、
森の木陰でどんじゃらほい（『森の小人』）
とか、
ちんから　ほい　ちんから　ほい（『ちんから峠』）
など、リズミカルなものもうたっていた。
じょうずに心の内を童謡に託し、バランスをとっていたのかもしれない。
「ばあやたずねて」は、白いワンピースを着たお金持ちの家のお嬢様が、幼い自分をやさしく育《はぐく》んでくれたばあやをたずねるといったシーンを思いおこさせた。そのお嬢さまと、雑誌のグラビアで見る童謡歌手とをダブらせ、勝手な物語をつくり上げていた。
「蛙の笛」とは最近、思いがけない形で再会することが出来た。昨年（平成十一年一月三十一日）ジャイアント馬場が亡くなり、各TV局が特別番組を放映したが、どの番組にも必ず入っていたのが、馬場夫人のお披露目で、馬場さんが歌をうたったシーンである。
それまで長い間、奥様のことは秘されていたとのことで、初めて〝妻〟として公にされた場（披露宴だったのか、馬場さんの誕生パーティだったのか、定かではないが）で、馬場さんは奥様に歌をプレゼントしたのだ。その歌こそ、「蛙の笛」だったのである。
全く飾り気のない、素朴そのものの太い声で、ゆっくりと
月夜の田んぼで　コロロ　コロロ　コロロコロロコロ　鳴る笛は……
とうたう馬場さんの歌声が画面から流れてきて、胸にジーンとしみていった。

正直にいえば、プロレスにも、ジャイアント馬場にもあまり興味のなかった私である。だが馬場さんのこの歌にまつわる思い出とは、いったい何なのだろうと、心が動いた。それは興味というようなものではなく、軽い衝撃だった。

そして、澄んだ愛らしい歌声の「蛙の笛」もいいが、この歌は、こうやってゆっくりとしみじみ歌う方が似合ってる、と得心したのである。今ごろになって新しい発見であった。

発見といえば「リンゴのひとりごと」にもある。戦後の荒廃した日本人の心を慰め勇気づけたのが、並木路子のうたった「リンゴの唄」だといわれているが、その先駆的な歌が、童謡「リンゴのひとりごと」だったのではないか、と。

わたしは　真赤なリンゴです
お国は寒い　北の国
リンゴ畑の　晴れた日に
箱につめられ　汽車ポッポ
町の市場へ　着きました
リンゴ　リンゴ　リンゴ
リンゴかわいや　ひとりごと

という歌詞をくり返せば、りんごの健気さが伝わってくるし、このうたがあってこそ、リンゴはなんにもいわないけれど

リンゴの気持は　よくわかる
リンゴ　可愛や　可愛や　リンゴ

という、「リンゴの唄」が成立するのだ。

これは、勿論、私の勝手な解釈だが、戦後のある時期、奇しくも〝りんご〟を擬人化した歌で、大人も子どもも癒やされていたことは間違いない。

元気づけてくれたのは〝りんご〟だが、童謡ブームをつくったのは〝みかん〟だった。

昭和二十三（一九四八）年、川田孝子のうたう「みかんの花咲く丘」がヒットし、童謡ブームが出来《しゅったい》したのだが、読売新聞文化部の『唱歌・童謡ものがたり』（岩波書店）によれば、この「みかんの花咲く丘」は、たった一日でつくられたのだという。

昭和二十一（一九四六）年八月、作詞者で雑誌記者の加藤省吾が、取材のため海沼実の家を訪ねたとき、翌日、静岡県伊東市のラジオ番組で放送する歌がまだ出来上がっておらず、海沼から「ちょうど良かった。詞を書いていってよ」と頼まれたそうだ。そこで加藤は、伊東のみかん畑を想像しながら、二十分ほどで書き上げ、海沼に渡したという。

その出来たての詞を持って、海沼は弟子の川田正子（当時12歳）をつれて、伊東に向かった。なんと作曲は東京から伊東に向かう、この車中でなされたというのである。その夜伊東の旅館で、海沼からメロディを教えられた正子は、翌日ラジオ局で、名刺の裏に書かれた歌詞を見ながら、必死でうたったのだそうだ。

放送後の反響は著しく、「みかんの花咲く丘」はレコード化され大ヒットし、童謡ブームを招来したのである。

この資料によれば、最初に「みかんの花咲く丘」をうたったのは、姉の川田正子であり、レコードをヒットさせたのが妹の孝子ということになる。川田姉妹が牽引車となって、以後十数年、童謡ブームはつづいたのである。このブームのまっ只中で少女期を過ごした私は、童謡のシャワーを浴びて育ったことになる。ふり返ると、その豊饒さに圧倒される思いだが、その原因は、童謡の寿命の長さにあったと思う。口ずさんだ歌の半分、たとえば「叱られて」や「十五夜お月さん」、「赤とんぼ」に「七つの子」「夕焼小焼」などが大正九（一九二〇）年から十二（一九二三）年に発表されたものなのだ。

昨年初め、爆発的にヒットし、一大ブームをひきおこした『だんご三兄弟』が、わずか二、三カ月で消えてしまったこととは、わけが違う。歌を消費するのではなく、いとしむように歌いつづけていた時代だった。

そのころも〝ブーム〟といってよいほど童謡が活発だった。各社が競って、レコードを発売していたが、その第一号は「かなりや」であった。

「かなりや」は、大正七（一九一八）年の『赤い鳥』十一月号に、まず詩が掲載された。知られるように『赤い鳥』は鈴木三重吉が主宰した児童雑誌で、子どもの豊かな想像力を育む目的で創刊され、芥川や白秋、藤村といった錚々《そうそう》たる文学者の寄稿を得ていた。

そんななか鈴木は創刊間もない大正七年夏、無名といってよい西條八十宅を訪れ、『赤い鳥』に加わるよう懇請したといい、鈴木のその熱意に見事、八十は「かなりや」で応えたのである（因みに『赤い鳥』によって童謡ということばが一般化したといわれる）。

『赤い鳥』に載った詩は、どれも韻を踏んだ軽快なリズムで、当時の子どもたちに大いに受けたという。めいめいが勝手に節《ふし》をつけて口ずさんでいたとのことで、正規な曲をつけてほしいという投書が多く寄せられたそうだ。

そこで、鈴木はさらに作曲家の参加を求め、「かなりや」の詩の掲載から半年たった大正八（一九一九）年五月号誌上に、再び「かなりや」を曲譜つきで発表したのだった。曲想と詩のもつ幻想性がものの見事にマッチして「かなりや」は大きな反響を呼んだ。そして翌大正九（一九二〇）年、童謡で初めてのレコード吹き込みが行われた。作曲者の成田為三がつとめていた東京・赤坂小学校の生徒の中から十数名が選ばれたそうだ。その歌声は、当時、各家庭に広まりつつあったレコードによって、全国に届けられた。

この「かなりや」の成功に、レコード会社が注目。各社が争って童謡レコードを発表しブームに火がついたのだった。昭和に入ると外国資本が導入され、レコード会社の生産体制がととのい、童謡レコードも量産されるようになり、「あの町この町」「雨降りお月さん」「ひなまつり」「こいのぼり」「チューリップ」等々の歌が世に送り出されていった。

しかし、何といっても「かなりや」が童謡のロングセラーだろう。初録音から十二年後の昭和七（一九三二）年に平井英子が吹きこんだのをはじめ、歌謡界にデビューして間もない二葉あき子（昭和十三年）や、戦後の川田孝子に伴久美子（昭和二十五年）。そしてすでに童謡ブームが去ってからも、古賀さと子（昭和三十七年）や真理ヨシ子（昭和三十八年）などが、レコードを出しているのだ。

私の〝思い出の童謡アルバム〟は「海ほおずきの歌」で終わっている。これは昭和三十（一九五五）年に近藤圭子が歌ってヒットし、ロングセラーとなったもので、哀愁を帯びたメロディにひかれて、よくうたった。

だが昭和三十年代後半に入ると、「うたのえほん」や「ピンポンパン体操」などのテレビ番組が、子どもの歌を主導するようになり、童謡も様変わりしていった。何よりも、年頃になった私は、童謡への関心をなくしていた。

再び私が童謡と出会ったのは、子育てのとき。「迷い子の迷い子の小猫ちゃん……」「毎日、毎日、ぼくらは鉄板の……」と娘と一緒にうたい、それはそれで楽しい日々だったが、テレビ画面のそこには、あのまぶしいばかりの童謡歌手《スター》の姿はなく、身近な等身大の〝うたのおねえさん〟が、やさしく笑いかけてくれるばかり。娘は〝おねえさん〟を大好きなようだったが、〝うたのおねえさん〟になりたいとは、ついぞ言わなかった。

# フラフープ

その日、珍しく母の帰りは遅かった。私と妹を残して出掛ける場合は、午後三時を過ぎることはなかったのに、もう四時を過ぎていた。

昭和三十三（一九五八）年の秋、おそらく十一月の半ば頃だったと思う。四時を廻ると急に冷えが感じられてくる。火鉢に手をかざしながら、小学生の妹が、

「お母ちゃん、遅いねえ」と私に言った。

と、そのとき勢《いきお》いよく戸のあく音がして、

「ただ今ァ〜」

という母の声が響いた。

飛び出して行く妹。キャアキャアいう声。つづいて立った私が玄関先で見たものは、片手を高く上げた母の得意そうな顔と、その手の先にぶら下がっているピンクの輪っか。

そう、フラフープだった。

フラフープは、一カ月前の十月十八日に、東京のデパートで売り出されて以来、爆発的な人気を呼んでいた。

その名のとおり（フープは英語で輪、フラはフラダンスのフラ）、硬質ポリエチレン製の直径九〇センチの輪で、それを体にくぐらせ腰のあたりで回すという単純な遊びだった。小さな子どもから、いい齢をした大人まで誰でも手軽に楽しめたことと、一本二百七十円という廉価さが受けて、あっという間に日本中に広まった。

振り返ると、全ての日本人が熱病にでも罹《かか》ったとしか思えないほど、老いも若きも男も女も、到る所で、腰を振ってフラフープを回していた。校庭や家の庭、空き地や街路、オフィスの屋上等々、手軽な遊びであるが故に場所を選ばず、みんな興じていた。今思うと気恥ずかしいが、その当時は恥ずかしいどころか、十一月にはフラフープ競技会も開かれ、人前で堂々と腰をくねらせ、大いに盛り上がった。「おとうちゃんがやると　おかあちゃんがわらうし　おかあちゃんがやると　おとうちゃんがわらうし　二人とも自分のかっこう　たなにあげて　いいきなもんや」という小学生の詩もある。フラフープは家族そろって楽しめる遊びでもあったが、一方、七十七歳の志賀直哉が、片肌脱ぎになって挑戦したというエピソードもあり、まさにフラフープ狂騒曲に日本中が踊らされていた。

この年の「週刊朝日」十一月二十三日号に、

> 最近、デパートのオモチャ売場はちょっとした騒ぎだ。開店と同時にお客さんたちは六階に突進、売場の前はたちまち長い行列ができる。（中略）この日の入荷九百本が三十分ばかりで売り切れてしまった。

のような記事が見えるが、ほかにも「開店二時間で一〇〇〇本も売れる盛況ぶり」だの、「開店前から長い行列ができ、一分間に五個売れる」だのといった記事が新聞その他で見られた。発売から一カ月で八十万本売れたそうだが、人気急騰に、供給が間に合わなくなった。デパートもおもちゃ屋も、入荷したかと思うと右から左へ、すぐ売れてしまい、つねに品切れ状態。それでも客が殺到するというありさまだったのである。

そんなとき、母がフラフープを手に帰って来たのだ。得意気な顔で高々とかかげてみせたのも当然、妹がキャアキャア言ったのも当たり前だった。

母の手柄話は、こうだった。

母は独身時代、都バスの車掌をしていたが、同僚の何人かとは結婚後もつき合いがあり、その日も学芸大学に住む元同僚を訪ねて行ったのだった。

帰り道、電車の中で、母はフラフープを持った婦人を目にとめ、近づいていって訊ねた。

「あの、恐れ入りますが、そのフラフープどこでお求めになりましたでしょうか」と。

その婦人は、知り合いの知り合いのつてで、溝ノ口のおもちゃ屋さんから、ようよう分けてもらったと言ったそうだ。すると、母はそのおもちゃ屋の所在地を聞き出し、東横線から田園都市線（大井町線）に乗りかえ、教えられたおもちゃ屋をたずね当て、フラフープを売ってくれるよう頼んだというのである。

予約してから何日も待って、ようやく手に入るのが当たり前だという状況で、母は予約ではなく、その場で売って欲しいと頼んだのだ。厚かましいというか、無鉄砲というか、先方は呆れつつも「予約で一杯ですから」と、勿論断わってきた。だが、母は引っ込まなかった。

「事情はよくわかっております。でも家で子どもが待っておりまして。買って帰らないと……。一人だけもってないものですから、不憫で、不憫で……」

と、まるで新派まがいのセリフで店主をかきくどいたというのだ。母が、そんなことの出来る人だとは思ってもいなかったが、母も自分自身おどろいたそうだ。これこそフラフープ狂騒曲のなせる業なのであろう。

こうして、次の日から、私たち姉妹は思う存分、フラフープを楽しむことができた。とくに妹はまだ小学生だったから、大喜びだった。フラフープを持っている子のそばにくっついて歩き、順番を待たなくてもよくなったからである。

これほど、日本中を熱狂させたフラフープは、二カ月後、急に下火になった。子どもたちの路上での遊びも問題にはなったが、フラフープをやりすぎると腸捻転になるという説がまことしやかに流れたからである。「うちの子の胃が破れた」と騒ぎ立てる親もあらわれ、教育委員会が禁止を通達した地域もあるという。

フラフープは、オーストラリアで考案され火がつき、アメリカ、ヨーロッパに飛び火して、日本に上陸したものだが、どこの国でも二カ月間しか燃え上がらなかったとか。腸捻転や交通事故が問題なのではなく、単純な遊び故、二カ月くらいで飽きがくるということだったのだろう。

予約してから、入手するまでに二カ月もかかったところもあったそうだが、フラフープを手にしたときは、すでにブームは去っていたという人もいたに違いない。そのような人に比べれば、「私、けっこうフラフープうまかったのよ」という思い出を少々の気恥ずかしさをもちつつも語れる私は、幸せだといえるのかもしれない。

# 岡田式静座法

人類が消滅しない限り、占い、オカルト、健康法ブームがなくならないだろうことは自明である。人間は弱いものだから、命が危うくなったり世の中が不安になったりすると、これらのブームが爆発する。

明治四十三（一九一〇）年、岡田式静座法なるものが流行したが、この年はさまざまな出来事があいついで起こった。

五月十九日にはハレー彗星が地球に最接近し、有毒ガスが地球を包むだの、彗星の尾が地球に触れて人間が地球からふるい落とされるだのといった流言が飛び交い、人々を不安に陥れた。

また、夏には東海・関東・東北一帯に豪雨があり、各地に大洪水をひきおこした。浸水家屋は四十四万戸といい、鉄道や電信も不通となった。

大逆事件で幸徳秋水ら二十六名が次々と逮捕されたのもこの年であり、あやし気なブームが起こっても不思議はなかった。千里眼、今でいう透視が出来るという御船千鶴子が世間を賑わしたし、座禅も流行。健康法もいろいろと流行った。

なかでも岡田虎二郎が提唱した静座法という心身鍛練法は知識人を中心に燎原の火のように広がった。貧しい家に生まれ虚弱体質だったという岡田は十四歳のとき田畑で夕日を見て宗教的啓示をうけ、自然に目を注ぐようになったという。乾布まさつや冷水浴を開発・普及させたが、三十歳のとき渡米。四年後、四十五キロしかなかった岡田は八十二キロの巨漢に変貌して帰国。強健な体になった自分の体験を通し、世の中の病弱者を救済するのだと、岡田式静座法を広めた。

毎日、岡田の静座会に押しかける人々で門前市を成すごとくだったというが、大正九(一九二〇)年十月十七日、四十八歳の若さで岡田が急逝すると、その効力に疑いがもたれ、静座ブームは一気に消滅した。

# 十銭ストア

昭和七（一九三二）年ごろ、十銭ストアというのが流行《はや》った。全商品が十銭均一というもので、今日の「百均」の店と同じである。

昭和六（一九三一）年に日本橋高島屋が、アメリカの10《テン》セント・ストアを真似て始めたところたいへん好評で、相次いで十銭ストアが開店した。

十銭ストアの人気にあやかり、十銭スタンドも現れた。どの洋酒も一杯十銭で飲めるスタンドバーで、計算がかんたんだったのが受け、大いに繁昌した。

昭和六〜七年ごろ、十銭で何が買えたかというと、ヱビスビールが一本三十三銭、煙草（朝日やホープ）が一箱十五銭、風船ガム一包が一銭という具合い。東京国立博物館の入場料がちょうど十銭だった。因みに『文藝春秋』は四十銭、岩波文庫は二十銭である。

ところで、十銭ストアの流行より十五、六年も前に「均一」ということばが流行っている。林芙美子の『放浪記』の中に

その頃よく均一と云ふ言葉が流行っていたけれど、私の扇子も均一で十銭、鯉の絵や七福神、富士山の絵が描いてある。

という一節がある。

その頃というのは、芙美子が義父に行商をやらされ扇子を売って歩いた十二歳当時を指すから、大正四（一九一五）年ごろである。

十銭ストアや十銭スタンドは姿を消したが均一セールの魅力は、大正から平成の今日まで変わらないようだ。

# 芸者歌手

昭和七（一九三二）年十二月、日本橋葭《よし》町の芸者だった勝太郎（のち小唄勝太郎）が『島の娘』をレコードに吹き込み、大晦日にラジオで歌って、人気が爆発した。三カ月間で三十五万枚を売り、勝太郎はスターの座を獲得した。また浅草の芸者、市丸も昭和八年の『天竜下れば』の大ヒットで小唄調歌手としての地位を不動のものにした。

ほかにも、二三吉《ふみきち》（のち藤本二三吉。昭和五年『祇園小唄』）や赤坂小梅（昭和八年『ほんとにそうなら』）などの芸者歌手が活躍したが、人気を二分したのが市丸と勝太郎。世に〝市勝時代〟といわれた。

芸者歌手全盛時代に便乗し、昭和十（一九三五）年六月、履物店の主婦が音丸という芸名で粋な芸者姿でデビュー。『船頭可愛や』の大ヒットを産んだ。

戦後は、神楽坂芸者の神楽坂はん子がうたった『ゲイシャワルツ』がヒット（昭和二十七年）。神楽坂浮子《うきこ》もデビューし、ふたたび芸者歌手の時代の到来を思わせたが、〝市勝時代〟の勢いはおこらなかった。

## 風船ガム

嚙みながらふくらまして遊ぶ風船ガムを食品玩具というそうだが、これが出回りだしたのは昭和二十四(一九四九)年ごろで、大ヒットしたのは昭和二十六(一九五一)年五月にロッテから発売された「フーセンガム」によってである。それまでの風船ガムは、松脂《まつやに》にズルチンとかサッカリンなどの人工甘味料を加えたものが主流。まずいし、いやな臭いもした。ところがロッテの「フーセンガム」は人工甘味料ではなく砂糖入りだったので、味もよいと喜ばれたのである。

翌二十七年が風船ガムの流行のピークだったが、代わってチューインガムが、日本人の生活にとけこんでいった。昭和三十七(一九六二)年には「ガムカム党」なるものが旗上げされ、十二月一日の結成式には、原健三郎衆院副議長や金田正一、山野愛子といった各界のガム愛好者が顔をそろえたという。

# みゆき族

東京・銀座の御幸通りを根城とするティーン・エイジャーが、昭和三十九（一九六四）年五、六月ごろから登場。男の子はアイビー・ルックだったが（同年四月、『平凡パンチ』が創刊され、アメリカン・カレッジ・スタイルのアイビーが若者の間に広まっていった）、女の子はゾロッとしたロング・スカートにペタンコの靴、肩にセーターをひっかけ、あごのところで結ぶという珍奇なスタイル。おまけに男女とも、大きな麻袋をかかえたり、引きずったりしながら、街中をぶらぶらと歩きまわった。

年輩からはお菰《こも》さんか、夜鷹のようと陰口を叩かれ、銀座商店街からはダニ扱いされる始末。築地署に補導連行される騒ぎも起きて、秋には、御幸通りから姿を消し、一部が六本木へと移っていった。

## オカルト・超能力ブーム

昭和四十九（一九七四）年三月七日、日本テレビ系『木曜スペシャル』にイスラエル人ユリ・ゲラーが出演し、念力でスプーンを曲げ、奇術（手品）か、超能力かで、話題騒然となった（因みに当初はスプーンではなく、フォークだった）。前年暮れに『11PM』（日本テレビ）に出演し、『少年サンデー』にも取り上げられ、超能力の存在が注目の的となっていたからだ。この年は七月に、アメリカ映画『エクソシスト』が公開され、五島勉の『ノストラダムスの大予言』も出版されるなど、日本列島を超能力・オカルトブームが席巻した。小学生は、コックリさんに夢中になり、社会問題にもなった。以後もオカルト・超能力ブームは下火となっては盛り返し、消えることはない。

# 紅茶きのこ

昭和三十六（一九六一）年は、健康法ブームの一年といってよかった。春先の青汁ジュースを皮切りに、リンゴ酢、リンゴ酢と蜂蜜、熊笹の葉の粉末、ヘルス昆布等々が次から次へと登場した。デパートにはヘルスコーナーとか強壮食品売場が設けられ、新聞や雑誌には、健康法の記事がおどった。

その後も、数々の健康法が取り沙汰されてきたが、異常なブームを呼んだのが「紅茶きのこ」である。昭和四十九（一九七四）年の暮れに出版された『紅茶キノコ健康法』が火付け役で、それまで人気だったしいたけやにんにく、アロエなどの健康法を一気にぶっ飛ばした。紅茶にプカプカ浮かぶ気味の悪いものを礼讃するもの、危険視するもの、カンカンガクガクのうちに、昭和五十（一九七五）年の年末には、潮が退くように、ブームは去った。

# 第六章　儚《はかな》いファッション・モード

# 狐の襟巻き

今冬（一九九九〜二〇〇〇年）、フェイクが流行《はや》った。二、三年前にも流行ったが、前回よりフェイク製造の技術が上がったらしく、色つやも美しく、軽やかに見えた。

と、思ったらやはり「今年流行のフェイクは、二年前のより、キメが細かくやわらかで、光沢もきれいで……」と、ファッション・アドバイザーと称する人が、テレビ番組でアピールしていた。

かつてはフェイクというと、〝にせもの〟という引け目をともなったものだが、今や堂々と「これはフェイク・ファーだ」と主張し、楽しんで装っている。フェイク・ファーのコートや襟巻きもあるが今回は衿もとや袖口にあしらうなど、デザインの中に取り入れられたものが多い。手軽に楽しんでいる、という感じである。

本物の毛皮は、値段も高いし、保存・手入れも大変。フェイク・ファーの手頃な値段と扱いやすさが、今日的で受けているようだ。

女性のファッションに毛皮が登場したのは明治三十五年（一九〇二）の冬だったらしい。この年から翌年にかけて、毛皮の襟巻きが流行ったということだが、これはファッション史上、じつは大きな出来事といえるのではないだろうか。

　歴史をひもといてみれば、いかに豪商のお内儀や娘が富にモノをいわせて贅の限りを尽くしたとしても、シルバーフォックスの襟巻きをしていたとか、貂《てん》の羽織りを着ていたという記述は見当たらない。熊や虎の毛皮の敷物の上にふんぞり返っている武将の絵や、猟師が防寒用として毛皮のベストを着ている姿が見られる程度である。

　明治期に流行った毛皮が、何の動物の毛皮だったのか、調べきれなかったのが残念だが、時代は流れて、昭和四年（一九二九）の冬、大流行をみせたのが兎の襟巻きだった。当時ヨーロッパでは大変な毛皮ブームで、夜会服の女性たちが、ミンクなどの豪華な毛皮で装い、妍を競っていた。

　その毛皮ブームが海を渡ってきたというわけなのだが、日本では高価なミンクにはとても手が出ず、兎の襟巻きに人気が集まった。面白いことに、この兎の襟巻き、じつは狐に似せたものだったそうだ。ミンクは高価で手が届かなかったが、狐もまた、たくさん獲れないために、手に入りにくかった。ブームに追いつかない業者が苦肉の策として兎を代用したところ、これが大当たりしたというのである。

　つまり日本の毛皮ブームは当初からまがい物《フェイク》だったということになる。

　だが翌年（昭和五年）の冬は、本物が流行った。北海道で養狐場が発達し、狐の襟巻きがより多くつくられるようになったから、比較的安い値段で買えるようになり、流行を助長したようだ。また、モガ（モダン・ガール）が好んで身につけ街を闊歩したため、狐の襟巻きはモガの代表的ファッションとみられ、洋装に不可欠のアイテムといわれた。

さらに五年後（昭和九年から十年にかけての冬）、ふたたび狐の襟巻きが流行ったが、このときは洋装・和装にかかわりなく愛用され、幅広い人気を得た。二百円以上もする銀狐も売り出されていたが、十五円から五十五円くらいまで、手頃な値段のものもあり、買い求めやすくなった一方、品質もさまざまだったから、新聞の家庭欄では、毛皮の見分け方を指導する記事が載ったほどだった。

だが、二年後（昭和十二年）日中戦争が勃発し、〝パーマネントはやめませう〟という運動が展開されていったから、当然、狐の襟巻きを身につけるようなことは、はばかられた。

ここに面白い写真がある。おかっぱの女の子三人と、イガグリ頭の男の子三人が庭先で仲良く並んでいる写真なのだが、ニコニコ笑った子どもたちの背後には、縁側と障子が映っている。そして、写真の左上には縁側の床に届きそうな太い棒状のものがぶら下がっている。獣の尻尾のようにも見えるそれが、くったくのない子どもの笑顔と妙にチグハグで、妙な気がした。

この写真とは石川光陽氏の『昭和の東京』（朝日文庫）の中の一枚で、石川氏の説明によれば、昭和二十一年冬、自宅で撮ったものだといい、「左上にみえるのは狐のエリマキです」とある。

その文を読んで写真を見直すと、なるほど立派な狐の襟巻きだ。見事な尻尾からして、高価だったに違いない。

失礼だが、戦後の混乱期のこととて、障子はボロボロに破れており、子どもたちも素足に下駄ばき、その背景に高そうな狐の襟巻きという取り合わせが、どう考えても似つかわしくなく印象的だった。

戦時中は、指輪やネックレスをはじめ、鍋・釜などの日用品から寺社の鐘の果てまで供出させられたが、船や飛行機をつくる上で何の足しにもならない毛皮は、供出させられることもなく、戦後まで生きのびたのだろう。

平和になって、石川氏の奥様はこの狐の襟巻きをふたたび身につけられたのだろうか。

戦後、大ブームというほどではないが狐の襟巻きが昭和四十年（一九六五）前後に流行ったのではないだろうか。成人式の日に、和服に狐の襟巻きをした娘さんの姿を、その頃よく目にしたような気がするのである。

狐の襟巻き
こどものころ、この顔が
こわかった。

# 二百三高地

明治三十七（一九〇四）年二月八日、九日、日本は旅順と仁川を攻撃してから、十日、ロシアに宣戦布告をした。続く奉天大会戦と日本海海戦で、日露戦争はなんとか日本の勝利で終わるのだが、約一年に及ぶ戦争で、もっとも激戦だったのは、海抜二〇三メートルの二百三高地（旅順市北西の台地）だった。日本軍はここを占領したものの、戦いは四カ月にも及び、五万九千人を超える死傷者を出した。

それだけに、二百三高地をめぐる攻防は小説や歌にもなっているが、女性のヘアスタイルにも影響。従来のひさし髪よりさらに中央を高くかもじで結い上げた束髪が、二百三高地の陥落を記念して考案された。束髪というのは日本髪にかわって生まれた新しい髪型で、明治十八（一八八五）年ごろからいろいろな形が考案され（今でも結われている夜会巻きなども、このころに考案されたものである）一年足らずで全国に広まった。

束髪は手入れも簡単で活動的で、実用とおしゃれの両面で女性の支持を得たのである。とくに、二百三高地は洋装にも和装にも似合うため、大流行、日露戦争のほとぼりが冷めてもなお数年つづいた。昭和十六（一九四一）年、日本は米英に宣戦を布告、太平洋戦争に突入してゆくが、このときは、戦争に因んで〝鉄カブト巻き〟と名づけられた、髪を頭上で丸めたヘアスタイルが流行した。

## ちょうちんブルマー

大正四（一九一五）年、女学生の間で、袴の裾をくくった「ブルマー」が流行した。明治三十年代後半から、女学生のスタイルは袴姿に洋靴が一般的となったが、大正期に入ると洋髪に大きなリボンをつけるようになり、ハイカラの代表的スタイルとみなされた。

そんな進んだ女学生が、邪魔くさいと袴の裾をからげ足を見せた「ブルマー」は、当時の一部の大人たちの眉をひそめさせもしたが、女子の運動着として定着した。大正末期には女学生の間に野球ブームがおこり、女学校に野球部がつくられ、大正十三（一九二四）年六月には、大阪で全国大会も開かれたが、その女子野球のユニフォームは、男ものの白いシャツに白ブルマーであった。

このように、ブルマーはヴィヴィッドな女の象徴ともいえたのだが、時代が下《くだ》ってくると嫌われ出した。腰のあたりがふくらんだスタイルが不恰好だと女子中・高生が嫌がり、昭和三十年代の後半ごろから腰にピッタリしたパンツ型に変わっていったが、それはそれで、異性の眼が無遠慮にブルマー姿に注がれて不快だとの声があがった。

男子生徒の胸をキュンといわせるブルマーも女子の間では不人気で、今では小学生の間からも「いや」との訴えがおこっている。

平成に移ったころから、全国の小中学校で、ブルマーの見直しが行われ始め、近年、各地でブルマーからハーフパンツやクォーターパンツに切り替え始められている。

二十世紀の初め、女性が自ら進んで身につけたブルマーが、世紀末に至って、ノウと否定されているというのも、時代であろうか。

## 耳かくし

大正十（一九二一）年ごろから昭和一けた時代まで、十三、四年にわたって流行った女性のヘアスタイルである。

それまでの束髪は、中にアンコ（入れ毛）を大量に用いたため頭が重く、日本髪ほどではないにしろ、うっとうしかった。それに結い上げたスタイルもみな同じで没個性である。これを嫌った帝劇の女優たちがアンコを使わず、髪を七、三（または六、四）に分けるヘアスタイルにし始めた。一般に女優髷と呼ばれたこの髪型は決して美しいとはいえなかった。それがアイロンの輸入（大正九年）によってアレンジできるようになり、耳かくしが生まれた。さらに翌年に、髪全体にウェーブをつけ、ゆるやかな線を描いて両耳をおおうようにした耳かくしは見た目にもエレガンスで、一気に人気が爆発した。

大正中期から後期にかけて、婦人雑誌の表紙を飾った美人は、耳かくし一色といってよいほど、このヘアスタイルであり、高畠華宵や林唯一、竹久夢二、山口将吉郎らの描く耳かくし美人は、若い女性の憧れであった。また、昭和に入り、ファッションモデルの前身であるマネキンガールが次々と登場し活躍をみせるが、彼女たちのヘアスタイルが耳かくしであったことから、耳かくしの流行に拍車をかけた。マネキンガールを思いついて世に送り出したのは山野千枝子だが、山野は耳かくしを考案した一人でもあったのである。

# あとがき

この『二十世紀物語』で、歴史探検隊の本は八冊目になります。

学者でも研究者でもなく、歴史が好きというだけで書く場を与えられ、事の重大さに逃げ出したくなりましたが、素人《しろうと》視線《め》の面白さもあるだろう、〈歴史〉へのアプローチの一助になればいいのだと思い直し、「肩の力を抜け」と言いきかせながら、毎回テーマと取り組んできました。

ですが、今回ほど力がはいり、また楽しかったことはありません。

〝二十世紀に登場し、消えていったもの〟がテーマですが、百年の後半部分が自分自身の歴史と重なることもあり、書きながら懐かしくてならなかったからです。そして、気づいたことは、人間の記憶というのは、案外アバウトなものだということです。小学五、六年生のころの出来事だと思っていたものが資料をあたると、もっと小さいころのことだったり、またその逆だったりということを発見したのです。

この、資料（歴史的事実）と記憶（思い出）の食い違いの発見に、懐かしがってばかりいられないと思い始めました。でも、資料は正しく、懐かしい記憶は客観性を欠く思い込みだと、即座に切り捨てることができません。なんとか〝懐かしい〟思いを殺さずに書けないものかと、思い出と資料との付き合わせに腐心し、筆がなかなか進みませんでした。また、歴史の上では大きな事件とはいえないのに、自分の中には強く刻印されていたり、その反対のケースもあったりしました。

ですから、読者の皆様にはお断わりしておかなくてはならないのですが〝二十世紀に登場し、消えていったもの〟は、必ずしも歴史的意味の重さとは一致していないということです。そして〝二十世紀に……〟といいながら、明治・大正よりもどうしても昭和の出来事を取り上げてしまい、片寄りが生じてしまったこともお詫びしなくてはなりません。

ですが、本書は正確無比な歴史専門書ではありません。私の個人的な思い出が、読者の皆様の胸の奥に眠っていた記憶を呼び醒まし、ひとつの時代のあるモノを、共に懐かしめれば大変うれしく、また、それが本書の役割りだと思います。

最後に、先述した事情により遅々として進まぬ原稿を、忍耐づよく待っていてくださった文藝春秋の池田幹生氏と、このテーマを与えてくださった関根徹氏に心から謝意を申し上げます。

二〇〇〇年五月

歴史探検隊・斉藤恵美子

文春文庫

二《に》十《じゅっ》世《せい》紀《き》物語《ものがたり》

定価はカバーに
表示してあります

2000年5月10日　第1刷

著　者　歴《れき》史《し》探検《たんけん》隊《たい》

発行者　白川浩司

発行所　株式会社 文藝春秋

東京都千代田区紀尾井町3―23　〒102-8008

TEL 03・3265・1211

落丁、乱丁本は、お手数ですが小社営業部宛お送り下さい。送料小社負担でお取替致します。

印刷・凸版印刷　製本・加藤製本

Printed in Japan

ISBN4-16-721772-4

## 文春文庫　ノンフィクション

- 柳《ユウ》美《ミ》里《リ》　自殺
- 弓削達　ローマ ― 世界の都市の物語
- 由良三郎　ミステリーを科学したら
- 養老孟司　涼しい脳味噌
- 養老孟司　続・涼しい脳味噌
- 横尾忠則　インドへ
- 横尾忠則　地球の果てまでつれてって
- 横尾忠則　導かれて、旅
- 横尾忠則　私と直観と宇宙人
- 横尾忠則　波乱へ!! 横尾忠則自伝
- 吉岡忍　「事件」を見にゆく
- 吉岡忍　日本人ごっこ
- 吉田司　下《げ》下《げ》戦《せん》記《き》

---

- 吉田俊雄　四人の連合艦隊司令長官
- 吉田俊雄　海軍名語録
- 吉田俊雄　四人の軍令部総長
- 吉田俊雄　海軍参謀
- 吉田直哉　癌細胞はこう語った 私伝・吉田富三
- 吉永みち子　気がつけば三十なかば
- 吉野せい　洟をたらした神
- 吉村昭　関東大震災
- 吉村昭　戦艦武蔵ノート（作家のノートⅠ）
- 吉村昭　万年筆の旅（作家のノートⅡ）
- 吉村昭　繪・永田力　東京の下町
- 吉村昭　史実を追う旅
- 吉村昭　旅行鞄のなか

文庫　最新刊

**源太郎の初恋** 御宿かわせみ23　平岩弓枝
源太郎七歳の初春に、花世と放火事件に巻き込まれ……。お馴染み人気シリーズ。全八篇

**草笛の剣** 上下　津本　陽
鉄砲傭兵集団・紀伊雑賀衆の遺児、孫二郎は、南蛮の海を目指すのだった。解説は薗田香融

**わたしの鎖骨**　花村萬月
単車で転んで彼女にケガさせた——。若さの凶暴な情熱と一抹の虚しさを描く青春小説集

**無《む》鹿《しか》**　遠藤周作
大友宗麟が作った理想都市・無鹿を訪ねる歴史幻視を描く表題作など遠藤氏最後の短篇集

**読書中毒** ブックレシピ61　小林信彦
当代一流の本読みのプロが語る小説の〈よみとり方〉の極意。バルザックから村上春樹まで

**ここはどこ** 時に空飛ぶ三人組　岸田今日子　吉行和子　冨士眞奈美
台湾、ハワイ、オーストラリアを一緒に旅した三女優が綴った、個性あふれる面白旅行記

**『室内』40年**　山本夏彦
著者が編集発行人を務める雑誌『室内』の40年を、美人才媛の編集部員とともに振り返る

**田宮模型の仕事**　田宮俊作
世界中の博物館を訪ね歩き実物を購入して分解する。そんな本気がタミヤを世界一にした

**巨怪伝** 上下 正力松太郎と影武者たちの一世紀　佐野眞一
「天覧試合」は正力にとって36年前の事件に決着をつける大芝居だった。大谷昭宏の解説

**二十世紀物語**　歴史探検隊
計算尺、赤チン、うつし絵……去りゆく二十世紀に生まれ、消えたモノたちの一瞬の煌めき

**鬼平犯科帳** 新装版(四)(五)(六)　池波正太郎
時代小説の定番ベストセラー「鬼平」シリーズがリニューアル。大きい活字で読みやすく

**アンネの伝記**　メリッサ・ミュラー　畔上　司訳
多数の関係者の証言と新発見の日記などの資料で、人間アンネの全貌に迫る初の本格伝記

**夜の記憶**　トマス・H・クック　村松　潔訳
ミステリー作家が挑む50年前の少女殺害事件の真犯人探し。書評子絶賛、クックの最新作

**あの笑顔を取り戻せるなら**　モリー・カッツ　高[illegible]訳
息子が目の前で轢き殺された。唯一犯人を知るエレンは懸命に訴えるが誰も信じない……